FACULTÉ DE DROIT DE PARIS

DES

FONCTIONS DU TUTEUR

EN DROIT ROMAIN

ET EN DROIT FRANÇAIS

THÈSE POUR LE DOCTORAT

PRÉSENTÉE PAR

DE MADRE (Célestin-Frédéric-Albert-David)

AVOCAT A LA COUR D'APPEL DE PARIS

LE JEUDI 12 JUIN 1873

Président : **M. LABBÉ**, *Professeur*

Suffragants :
MM. COLMET DE SANTERRE, *Professeurs.*
BUFNOIR,
BOISTEL,
LYON CAEN, *Agrégés.*

1873

VERSAILLES. — IMPRIMERIE DE E. AUBERT

DES
FONCTIONS DU TUTEUR

EN DROIT ROMAIN
ET EN DROIT FRANÇAIS

THÈSE POUR LE DOCTORAT

PRÉSENTÉE PAR

DE MADRE (Célestin-Frédéric-Albert-David)

AVOCAT A LA COUR D'APPEL DE PARIS

LE JEUDI 12 JUIN 1873

Président : **M. LABBÉ**, *Professeur*

Suffragants :

MM. COLMET DE SANTERRE,
BUFNOIR,
BOISTEL.
LYON CAEN,

Professeurs.

Agrégés.

1873

VERSAILLES. — IMPRIMERIE DE E. AUBERT

DES FONCTIONS DU TUTEUR

EN DROIT ROMAIN

CHAPITRE PREMIER.

Généralités.

En droit romain, il y avait lieu à l'institution d'une tutelle dans deux situations distinctes, à l'égard des femmes pubères, puis à l'égard des impubères.

Nous n'avons conservé dans notre droit que la tutelle des impubères, la seule que reconnaisse le droit naturel, la seule qui réponde à une idée de protection pour un incapable.

Les jurisconsultes cherchent bien à alléguer, pour justifier la tutelle perpétuelle des femmes, leur légèreté d'esprit ou leur ignorance des affaires; il n'est pas douteux que cette tutelle ne fût inspirée à l'origine que par une idée de défiance contre les femmes pour les empêcher de transmettre leurs biens dans la famille de leurs maris et de leurs enfants au préjudice de leurs agnats, pour leur ôter tout moyen d'acquérir trop d'influence dans la cité. Cette institution devint du reste, à la fin de la République, une entrave inutile qu'on s'accorda de toutes parts à supprimer; elle tomba sous l'Empire en désuétude. Si les femmes devaient avoir besoin d'une certaine protection dans le gouvernement de leur patrimoine, elle leur fut donnée dans une mesure bien plus juste par les dispositions du sénatus-consulte Velléien.

La tutelle des impubères était au contraire si clairement imposée par l'impuissance où l'enfant se trouve réduit de défendre ses intérêts, qu'elle devait se maintenir et se développer de plus en plus dans toutes les législations, se dégager peu à peu des traditions premières où la pensée de sauvegarder les intérêts de la famille se montre autant que celle de protéger le pupille lui-même, se trouver complétée même en droit romain par l'organisation d'une certaine incapacité, quoique plus restreinte dans la période qui s'étend depuis la puberté jusqu'à l'âge de vingt-cinq ans.

Tous les impubères n'étaient pas en tutelle ; la tutelle ne s'appliquait qu'à l'impubère *sui juris*, à celui qui n'avait jamais été en puissance paternelle, comme un posthume, ou qui s'en trouvait affranchi. Celui-là seul en effet avait besoin d'un protecteur dans l'administration de ses biens qui pouvait avoir un patrimoine à gérer ; et l'on sait que, jusqu'à l'introduction tardive du pécule adventice, les fils de famille impubères n'avaient aucun bien en propre ; tout ce qu'ils étaient susceptibles d'acquérir était absorbé par la puissance du chef de famille : celui-ci n'avait à jouer d'aucune manière à leur égard le rôle de tuteur ; il ne pouvait se présenter aucun besoin légitime de lui faire interposer l'*auctoritas* pour servir de remède à leur incapacité.

L'impubère *sui juris*, seul mis en tutelle, prenait alors le nom spécial de pupille. C'est à son égard que nous devons nous occuper des fonctions du tuteur qui lui aura été donné, soit par testament, soit par la loi, soit par le magistrat. Et pour mieux nous rendre compte de la nature de ces fonctions, nous avons tout d'abord à exposer dans ses traits principaux la situation d'incapacité faite à l'impubère par le droit romain ; la tutelle en effet n'est organisée que pour subvenir à cette incapacité dans la mesure du nécessaire. C'est un devoir impérieux pour le législateur, quand par des raisons bonnes ou critiquables, il place une personne dans l'impuissance de gouverner elle-même son patrimoine, d'établir artificiellement les moyens de le gérer.

§ 1er. — De l'incapacité du pupille et notion générale de la tutelle.

Si nous étudions en elles-mêmes les conséquences juridiques de l'état d'impuberté, nous avons à distinguer deux périodes : celle où l'enfant est encore à considérer comme *infans*, celle où il est sorti de l'*infantia*. Nous tenons ici pour démontré, suivant l'opinion commune, que l'âge de sept ans les sépare.

L'enfant a-t-il moins de sept ans, quoiqu'il ait un patrimoine, s'il est *sui juris*, il est absolument incapable de passer aucun acte qui s'y réfère ; la loi ne tient aucun compte de ses prétendues déclarations de volonté. Il peut déjà prononcer des paroles sans doute ; il n'est pas de formule solennelle, celle de la *mancipatio* ou de la *stipulatio*, par exemple, qui ne puisse lui être enseignée et qu'il ne pourrait redire à l'occasion avec une exactitude parfaite. Mais comme il est réputé et avec juste raison n'avoir aucun discernement ; comme, sous les paroles qu'il répète, la raison ne permet pas de reconnaître la volonté maîtresse d'elle-même qui les vivifie, on ne voit là que les apparences d'un acte juridique, absolument nul aux yeux de la loi comme celui d'un insensé, impuissant à produire un effet quelconque. Il n'y a pas à faire de différence entre l'acte par lequel l'*infans* tendrait à faire sa condition meilleure et tout autre acte qui contiendrait à son préjudice le germe d'une obligation ou d'une aliénation. Même une stipulation, dans laquelle il recevrait une promesse faite *animo donandi*, ne liera pas celui qui s'est ainsi en connaissance de cause voulu porter débiteur (L. 70, Dig., *de verb. oblig.*). Et il n'y a rien de bizarre à ce qu'une incapacité qui semble établie seulement pour sa protection puisse ainsi tourner contre lui; à ce que l'enfant tout à fait en bas âge, qui semble appeler plus de faveur, soit moins bien traité que l'enfant qui a dépassé sa septième année. Le législateur en pareil cas établit bien moins une incapacité protectrice, qu'il ne constate une absence totale de volonté qui rend impossible tout contrat, et par suite tous les effets d'un contrat, aussi bien l'acquisition d'une créance que la soumission à une dette.

En sortant de l'*infantia*, l'impubère subit en droit une transformation profonde; il est maintenant considéré comme ayant possession de lui-même, comme capable de discernement et partant de volonté. Il sera donc possible de reconnaître un acte juridique, accord de deux volontés, là où il aura traité avec un tiers. Mais il est évident que ce discernement n'est pas assez sûr, que cette volonté n'est pas assez éclairée, pour qu'il puisse être abandonné à lui-même et que tous ses actes produisent leurs effets ordinaires pour ou contre lui. Il eut été trop souvent victime de l'ignorance et de l'inexpérience que son âge rend inévitables. Il y avait donc à tenir compte dans la législation, à la fois de cette apparition de la volonté qui ne fait des paroles prononcées par l'impubère autre chose qu'un vain simulacre de contrat, et de cette faiblesse de l'esprit qui ne permet pas de le laisser exposé à toutes les conséquences normales de tous ses actes, quels qu'ils soient.

Le droit romain trancha cette difficulté en posant cette règle fameuse, qui demande à être bien comprise, que l'impubère peut rendre sa condition meilleure, mais qu'il ne peut rendre sa condition pire. On serait tenté à première vue de croire qu'elle signifie qu'il faut, pour déterminer le sort d'un acte de l'impubère, s'attacher au résultat définitif qu'il a entraîné pour son patrimoine ; le tenir pour valable s'il s'est résolu en un bénéfice, pour nul s'il l'a constitué en perte. Et il est certain que par une règle semblable ses intérêts seraient protégés d'une manière suffisante ; il ne ferait jamais une mauvaise affaire ; le seul embarras pour lui pourrait être de trouver avec qui traiter. Ce n'est pas ainsi que la règle doit être entendue : prise en ce sens, elle se confondrait avec cette autre règle applicable au mineur de vingt-cinq ans qui se trouve mis à l'abri par la *restitutio in integrum* contre toute lésion résultant de ses actes. Et du reste à quel moment se placerait-on pour apprécier la validité ou la nullité de l'acte, si on devait la prononcer d'après ses résultats ?

C'est au moment même où l'acte est passé qu'on se place pour en fixer le sort, et c'est en le considérant dans sa nature même, sans se préoccuper de ses conséquences dans tel ou tel cas donné, qu'on le regarde comme rendant meilleure ou pire la condition du pupille. Tout acte est valable qui produit à son avantage l'acquisition d'un droit réel ou d'un droit de créance, la libération d'une dette ou d'une charge réelle. Tout acte est nul qui entraîne la perte d'un de ces droits dans son patrimoine, ou l'acquisition d'un de ces droits contre lui. En d'autres termes, il peut bien par ses actes devenir acquéreur ou créancier, il ne peut aliéner ou se rendre débiteur. Et c'est ici la loi qui est bien la cause de cette incapacité ; car, quel que soit l'acte, sa volonté existe toujours, également ; mais dans un cas elle a suffi à rendre l'acte parfaitement valable, dans l'autre elle n'a pu empêcher l'acte d'être radicalement nul.

La règle une fois établie d'une manière aussi nette, l'application s'en fera avec une rigoureuse précision. Il y a du reste un grand nombre d'actes pour lesquels rien ne sera plus simple ; ce sont ces actes, qui donnent une si grande originalité au droit romain, qui, tout en exigeant pour se former l'accord de deux volontés, tout en formant par eux-mêmes un acte complet, ne doivent aboutir, envisagés individuellement sans leur relation avec d'autres, qu'à profiter à l'une des parties, à nuire à l'autre. Si, pour ne citer que les principaux de ces actes, appelés à bon droit des actes simples, nous supposons une *mancipatio,* une *stipulatio,* une *acceptilatio,* le pupille pourra figurer avec pleine capacité, comme acquéreur dans le premier, comme stipulant ou débiteur libéré dans les deux autres ; s'il y joue le rôle inverse, l'acte sera entièrement nul, sans qu'il y ait à se soucier du but qui est poursuivi par les parties dans ces actes qui ne sont que des procédés juridiques.

A côté de ces actes simples, si nombreux, si importants en droit romain, il a bien fallu reconnaître aussi, et en plus grand nombre encore, des actes complexes, des contrats synallagmatiques, d'où résulteront des engagements ou des aliénations pour chacune des parties : la vente, le prêt d'argent, le paiement, par exemple. Comment appliquer ici notre règle, lorsqu'un pareil acte aura été fait par l'impubère ? C'est ici surtout qu'on aurait pu être tenté de déterminer le sort de l'acte d'après son résultat. Il semble en effet, quand l'obligation d'une des parties est si bien à considérer comme la cause de l'autre, qu'il soit difficile d'admettre que le contrat tiendra en ce qui concerne la créance acquise par l'impubère, et qu'il sera considéré comme nul en ce qu'il ne produira pas de créance pour l'autre partie. Les Romains n'ont pas hésité cependant à donner cette solution, comme il résulte clairement de la loi 13, § 29 (Dig. *De act. empti*), et du texte des Institutes (pr. *De auctore tutore*). Il ne faut pas croire du reste qu'ils arrivaient à cette monstrueuse conséquence de décider, par exemple, qu'un vendeur impubère pût à la fois se refuser à livrer la chose vendue et toucher toujours et quand même le prix de la vente ; qu'un impubère créancier pût recevoir un paiement, et, sans en avoir dissipé le produit, garder encore le moyen de réclamer efficacement sa créance. Ils voulaient sûrement accorder à l'impubère une protection des plus efficaces, mais non pas lui faire de son âge une cause de profits contraires à toute équité. C'est pourquoi, tout en ne permettant pas à l'autre partie d'invoquer les conséquences directes du contrat, ils lui reconnaissaient du moins le droit d'opposer au pupille, sous forme d'une exception de dol ou par le moyen d'une *condictio sine causa*, qu'il était tenu lui-même de ne pas s'enrichir aux dépens d'autrui. C'est ainsi qu'après avoir payé le pupille on pouvait lui réclamer la restitution de tout ce dont il avait profité par suite du paiement ; c'est ainsi que si dans une vente non encore exécutée on était poursuivi au nom de l'impubère, on pouvait arrêter sa demande en lui opposant qu'il eût, soit à refaire valablement la vente, de manière à ce que l'acheteur pût aussi s'en prévaloir, soit à cesser ses réclamations (1).

Il est un acte complexe où l'application de la règle sur la capacité de l'impubère avait dû conduire à des conséquences différentes : c'est l'adition d'hérédité. Si elle doit rendre en effet sa condition meilleure en lui acquérant l'actif, elle la rendra pire en le soumettant à la charge du passif. On n'avait pas été cependant jusqu'à décider que si un impubère faisait seul une telle adition, il conserverait pour lui tout le bénéfice de l'actif sans avoir à subir la

(1) Il est à remarquer que s'il s'agit d'un impubère, qui veut faire un prêt d'argent ou payer son créancier, il ne pourra en pareil cas rendre sa condition meilleure en acquérant la créance en *mutuum* ou sa libération, précisément parce qu'il n'a pas pu rendre sa condition pire en aliénant sa chose. Cette aliénation est en effet un élément essentiel pour la formation du *mutuum* ou du paiement.

charge du passif. Il eût été impossible de donner une pareille décision au détriment des créanciers héréditaires qui ne doivent avoir à souffrir en rien de ce que l'héritier est un impubère, et qui n'ont pas à se reprocher comme un contractant à titre onéreux d'avoir consenti à traiter avec lui. D'ailleurs c'est plutôt le patrimoine du *de cujus* que ses biens individuellement envisagés qui sont acquis par l'héritier, et le patrimoine est essentiellement un ensemble indivisible de passif et d'actif. Dès lors il fallait admettre, ou bien que l'adition d'hérédité faite par un impubère serait à considérer comme valable avec toutes ses conséquences, ou qu'elle serait entièrement nulle; et c'est ce dernier parti qu'ont admis les jurisconsultes romains; car, comme il y aurait pour l'impubère obligation aux dettes de la succession, quelque minimes qu'elles fussent, il sera toujours vrai de dire que l'adition d'hérédité est un acte qui doit rendre sa condition pire, ce qui est contraire à la règle générale. Ici, pas plus qu'ailleurs, il n'entrait dans la manière de voir des Romains de se fonder sur le résultat définitif de l'opération, résultat avantageux ou préjudiciable, pour la valider ou l'annuler. (L. 9, Dig., *De auct. et cons.*)

La conclusion manifeste à tirer de ces développements sur la capacité de l'impubère, c'est qu'il serait absolument impossible à un impubère *sui juris* de gouverner son patrimoine; en fait il l'aurait perdu par sa mauvaise gestion, en droit toute gestion est devenue impraticable.

Il est en effet nécessaire, pour gérer un patrimoine, de faire à tout propos des actes juridiques, de conclure des baux ou des ventes, de recevoir ou de faire des paiements, d'aliéner ou d'acquérir. Si l'impubère est *infans*, nous venons de le voir, tous ses actes seraient radicalement nuls. Est-il sorti de l'*infantia*, les seuls actes qui resteraient inattaquables sont les actes qui le font acquérir ou se libérer, des actes où, en général, il reçoit des libéralités. Ce ne sont pas là assurément les actes ordinaires de gestion ; quant aux actes à titre onéreux, quant aux contrats synallagmatiques, à toutes ces conventions par lesquelles on s'abandonne mutuellement des avantages et qui sont de beaucoup les plus usuelles, les plus indispensables, jamais les tiers ne pourraient être certains de passer avec lui un traité dont le maintien fût assuré, le sort en serait toujours à sa discrétion, *uno pede stat contractus.* Il est clair qu'en pareil cas ils ne s'aviseraient pas de contracter avec lui : le patrimoine de l'impubère serait donc compromis par suite même de cette protection excessive. Il serait arrivé à l'impubère ce qui arriva plus tard au mineur de 25 ans, quand on voulut le protéger contre les entraînements et les captations par la loi *Plœtoria.* La possibilité de voir les actes attaqués toujours et quand même excite la défiance ; et l'on force celui qu'on veut secourir ainsi, sans donner aucun moyen de traiter loyalement et solidement avec lui, de s'écrier : *Heu ! lex quinavicenaria me perdidit !*

Il fallait donc, de toute nécessité, si l'on voulait que le patrimoine de l'impubère fût gouverné sans être compromis, faire en sorte que tous les actes nécessaires à sa gestion fussent accomplis d'une manière valable. Et comme, d'autre part, il y avait un besoin impérieux de ne pas le laisser seul agir, il fallait créer une institution destinée à lui venir en aide : c'est la tutelle ; ce protecteur fut le tuteur, ainsi nommé, *quasi tuitor atque defensor, sicut œditui dicuntur qui œdes tuentur.* (Inst., § 2, *De tutel.*)

Le tuteur va donc être chargé de prendre en main les intérêts du pupille ; de quelque manière qu'il ait été nommé, c'est une charge importante, un *munus publicum,* que la loi lui impose.

Il peut suffire seul, pourvu qu'il lui soit imposé une responsabilité sévère, et que sa nomination soit entourée de quelques règles protectrices. A ce point de vue les Romains n'ont pas fait de la tutelle un rouage aussi compliqué qu'il l'est dans notre législation française ; ils n'ont pas multiplié autour du tuteur les garanties de contrôle et de surveillance ; nous ne trouvons rien d'analogue à l'institution d'un subrogé-tuteur ou d'un conseil de famille. Tout au plus rencontrons-nous, dans des hypothèses bien rares, la nécessité de l'intervention d'un magistrat, surtout plus tard. Le tuteur a donc, en droit romain, une allure plus indépendante ; nous aurons à voir seulement que des garanties de toute espèce n'ont pas manqué d'être créées pour assurer la situation du pupille.

Le tuteur est donc appelé seul à subvenir à l'incapacité de l'impubère *sui juris*. Mais quelle est la mission générale qui lui est confiée ? A-t-il pleine liberté de gérer le patrimoine comme il l'entend ? Son action a-t-elle des limites ? Il semblerait que la tutelle venant suppléer à l'incapacité qui résulte de l'impuberté, le but à atteindre est de faire qu'un pupille, à l'aide de son tuteur, puisse se trouver aussi maître de son patrimoine que l'est par lui seul un pubère. Replacer l'impubère dans l'état de droit commun qui est celui de la puberté, le rendre ainsi de condition égale à tout *paterfamilias* semble devoir être l'objectif de la tutelle. Il n'en est rien pourtant, et il importe de bien comprendre qu'il n'en pouvait être ainsi.

Le pubère pleinement capable peut disposer de son patrimoine comme il l'entend ; il peut l'employer à faire des libéralités, il peut le dissiper par des spéculations mal conçues ou des dépenses de luxe tout à fait infructueuses ; il peut user de sa liberté pour se dépouiller sans profits, du moins tant qu'il ne sera pas établi qu'il y a en lui une faiblesse d'esprit de nature à le faire interdire comme prodigue. Le droit en effet doit éviter de trop protéger contre elles-mêmes les personnes capables, c'est à elles de savoir user dans leur intérêt de l'indépendance que la loi doit leur garantir.

Pouvait-on donner des attributions aussi larges au tuteur qu'on vient ainsi adjoindre à l'impubère? Evidemment non. Il n'est pas possible d'admettre que le tuteur puisse, en s'adjoignant au pupille, faire sur le patrimoine de ce dernier les libéralités qu'il jugera convenables ; il faut que ces libéralités soient au moins l'œuvre toute personnelle du donateur. Il n'est pas admissible non plus que le tuteur puisse pour le pupille se livrer à des spéculations téméraires, ou à des dépenses purement luxueuses. Tout ceci doit être réservé à l'appréciation, à la liberté du propriétaire lui-même quand il est capable. Il ne s'agit donc dans la tutelle que d'arriver à subvenir à l'incapacité de l'impubère dans la mesure indispensable pour que son patrimoine soit convenablement gouverné, et soit restitué intact à sa libre gestion, lors de sa puberté. On a rendu pour le protéger l'impubère incapable ; si cette protection n'avait pas dû par contre-coup lui porter atteinte à lui-même, si elle n'avait pas dû conduire les tiers à refuser de traiter avec lui seul pour des actes nécessaires à son patrimoine, il n'y aurait eu aucun besoin d'organiser une tutelle (il n'y en a pas en effet pour les impubères *alieni juris* qui restent entièrement soumis à leur incapacité) ; il aurait suffi de l'empêcher de rendre jamais en droit sa condition pire. Mais comme il a un patrimoine qui en pourrait souffrir, on a dû songer à faire en sorte que ce patrimoine fût sauvé d'un dépérissement inévitable ; et si on a créé par suite des moyens pour l'impubère *sui juris* d'arriver à conclure valablement des actes qui sont en dehors de sa capacité, on a dû réduire ce secours dans les strictes limites où le patrimoine en aurait besoin. De là cette mission générale imposée au tuteur de n'intervenir pour le pupille que dans des actes qui sont de nature à bien gouverner le patrimoine du pupille, à en conserver le capital, à lui faire produire les revenus dont il est susceptible, et, s'il est possible, par une bonne gestion, à l'améliorer. Tous les actes qui doivent naturellement conduire à un résultat contraire devront lui être interdits, ils sont en dehors du but pour lequel la tutelle est organisée; on doit rentrer alors dans les conséquences de l'incapacité qui pèse sur le pupille, et dont il n'est nullement nécessaire qu'il soit relevé pour sa ruine.

§ 2. — Des procédés mis à la disposition du tuteur.

Nous aurons à voir dans le parcours de notre travail de nombreuses conséquences tirées de cette idée générale de la mission confiée au tuteur. Mais il nous faut examiner tout d'abord, pour terminer la partie générale de notre étude, quels sont les procédés que la législation romaine a organisés pour mettre le tuteur à même d'accomplir la mission qui lui est imposée. Il faut remarquer en effet que le tuteur est une personne tout à fait étrangère au pupille, que le patrimoine de ce dernier est en principe tout à fait en dehors de sa puissance comme celui de toute autre personne pubère ou non pubère. Par quels moyens donc va-t-il pouvoir intervenir dans le gouvernement du patrimoine du pupille, dans la mesure des attributions qu'il a été nécessaire de lui conférer? C'est ici que nous avons à étudier en eux-mêmes, et en dehors de toute application spéciale pour le moment, les deux procédés que le droit romain a mis à la disposition du tuteur pour réaliser tous les actes qui rentrent dans sa mission et qu'un texte d'Ulpien nous rapporte en ces termes : « *Tutor negotia gerit et auctoritatem interponit.* » (Fragm. XI, § 25).

Occupons-nous en premier lieu de *l'auctoritas*, malgré l'ordre du texte précité. Elle est en effet dans l'ordre historique la première en date des deux fonctions du tuteur; elle est aussi, du moins en théorie, la plus importante; elle est enfin, comme nous aurons l'occasion de le faire remarquer, la fonction essentielle, celle qui exige de la part d'un administrateur de la fortune d'autrui la qualité spéciale de *tuteur*.

Nous avons vu que l'impubère, du moins quand il est sorti de l'*infantia*, n'est pas absolument incapable de figurer dans les actes juridiques qui exigent une déclaration de volonté ; il est seulement placé par le droit civil dans cette situation de ne pouvoir arriver à rendre sa condition pire, au sens où nous l'avons entendu, ce qui entraîne indirectement pour lui l'impossibilité de faire des actes complexes ou des contrats synallagmatiques, parce que les tiers sont exposés à ne pouvoir invoquer en leur faveur les conséquences de ces actes.

Et cependant il ne serait pas impossible que de tels actes fussent en fin de compte, même en supportant les effets de l'aliénation ou de l'obligation qui en résulteraient pour le pupille, des actes avantageux, utiles, et même nécessaires pour son patrimoine : un paiement, par exemple, un contrat de louage ou de vente, une adition d'hérédité. Il est à craindre, il est vrai, que le pupille livré à lui-même ne s'engage témérairement dans de telles opérations ; mais, avec l'intervention d'un tuteur chargé de veiller à ses intérêts, la même légèreté, la même imprévoyance ne sont plus à redouter, et il sera possible d'arriver à conclure des actes valables qui profiteront souvent à toutes les parties intéressées, qui seront du moins des actes utiles pour le pupille.

Qu'y avait-il donc à faire pour arriver à ce résultat ? Décider que ces actes seraient valables, opposables au pupille, pourvu qu'ils eussent été faits sous les yeux du tuteur, avec son concours, avec son approbation, décider en un mot que le pupille pourrait arriver à rendre sa condition pire, lorsqu'au lieu d'agir seul il agit avec l'assistance, l'*auctoritas* de son tuteur.

Et de là cette double règle romaine, que nous trouvons

inscrite aux Instituts : *Placuit meliorem quidem suam conditionem licere pupillus facere etiam sine tutoris auctoritate, deteriorem vero non aliter quam tutore auctore.*

Ce qui ne veut pas dire assurément qu'on donne au pupille un tuteur pour qu'il puisse ainsi faire des actes qui diminuent son patrimoine et le ruinent (nous avons vu que les actes qui tendent directement à ce résultat seront interdits au tuteur), mais bien pour qu'il puisse conclure des actes qui sont susceptibles, moyennant des avantages réciproques, d'entraîner à sa charge ou une obligation ou une aliénation.

Le pupille en pareil cas agira avec l'assistance de son tuteur ; il figurera lui-même dans l'opération juridique ; il y jouera le rôle qu'un pubère y jouerait pour lui-même, prononçant les paroles solennelles, accomplissant toutes les formalités, donnant son consentement tout comme celui-ci le donnerait. Rappelons-nous en effet que le pupille sorti de l'*infantia* a aux yeux de la loi une volonté suffisante pour qu'un acte où il intervient et qui tire sa force d'une déclaration unilatérale ou d'un concours de volonté soit efficace, il en est ainsi sans restriction si l'acte doit le rendre acquéreur ou créancier. Ce n'est que par une exception créée par le droit civil pour des raisons de protection bien légitimes, que l'acte qui tend en principe à se former valable, se trouve annulé *ipso jure* et destitué de tout effet. Il va retrouver sa pleine efficacité si cette incapacité, organisée par le droit civil, se trouve levée, grâce à l'emploi du remède par lequel il y a lui-même subvenu. L'acte est nul parce que la capacité du pupille agissant seul n'est pas complète ; il devient valable parce qu'en ajoutant à une participation analogue à celle d'un pubère, le complément de capacité qui résulte de l'assistance d'un tuteur, la personne de l'impubère se trouve élevée à la même puissance que celle du pubère maître de ses droits.

Telle est bien l'idée générale qu'il faut se faire de l'intervention de l'assistance donnée par le tuteur ; mais comment la donnera-t-il ?

Il n'eût pas été conforme au génie des Romains qui ont conçu, du moins à l'origine de leurs institutions, tous les actes juridiques comme devant être revêtus de certaines formes solennelles, comme devant se réaliser au moyen de paroles déterminées et prononcées dans un ordre rigoureux, qui ont repoussé, et non peut-être sans raison, ce principe que la volonté humaine manifestée d'une manière quelconque doit suffire à vivifier toute opération juridique, d'admettre que l'assistance du tuteur dût se manifester de toutes manières sans qu'il fût besoin de préciser avec rigueur, et le moment, et la forme, et l'ordre dans lesquels elle devait être fournie. Lorsqu'on songe surtout que l'assistance du tuteur doit être par elle-même un acte toujours se ressemblant à lui-même, la déclaration qu'il entend approuver l'acte quel qu'il soit que le pupille a d'ailleurs comme un pubère accompli suivant toutes les conditions requises par la nature de cet acte, il était impossible que pour un acte aussi simple, mais en même temps aussi grave, puisqu'il vient donner la vie à toute une opération juridique en apportant un complément de capacité à l'une des parties, les Romains n'exigeassent pas qu'il fût revêtu de formes sacramentelles. Il y a mieux, l'esprit même conçoit une sorte de solennité naturelle dans cet acte par lequel, au moyen d'une déclaration de sa volonté, une personne chargée de veiller sur un incapable, fait ainsi disparaître l'obstacle que le droit avait créé.

L'*auctoritas* se donna en effet à l'origine dans une forme solennelle. Il fallait des paroles prononcées à la fois par le tuteur et le tiers qui contracte avec le pupille. C'est ce qui résulte avec vraisemblance de la disposition qui ne permettait d'être tuteur ni aux sourds qui ne pouvaient les entendre, ni aux muets qui n'auraient pu les prononcer. Il y a lieu de supposer que le tiers interrogeait le tuteur en ces termes : *Auctorne fis?* et que celui-ci avait à répondre : *Auctor fio* ; cette forme d'interrogation et de réponse correspondait ainsi fort bien à la stipulation. Du reste, s'il ne s'agissait pas d'un contrat, mais d'un acte qui n'exigeait qu'une déclaration de volonté du pupille, comme une adition d'hérédité, le tuteur n'avait à être interrogé par personne ; il suffisait sans doute qu'il proférât, sans demande préalable, la formule sacramentelle : *Auctor fio*. Il en est de même du cas où, s'il s'agit d'un contrat passé par le pupille, ce contrat est de ceux qui peuvent se conclure *inter absentes* ou *per epistolam*, une vente par exemple ; il suffit que le tuteur vienne se porter solennellement *auctor* au moment où le pupille envoie son assentiment. En pareil cas l'*auctoritas* n'en devra pas moins être donnée solennellement, quoique le contrat passé par le pupille n'exige aucune formalité et soit purement consensuel, une vente ou une location par exemple ; c'est toujours aussi bien en pareil cas l'acte par lequel il complète sa capacité. (L. 9, § 6, Dig., liv. xxvi, t. viii.) (1). Il suffira que le tout soit prouvé d'une manière quelconque, notamment par un écrit.

En outre de cette solennité de paroles, l'*auctoritas tutoris* exigeait la présence du tuteur à l'acte du pupille *in ipso negotio*, comme le dit Justinien, § 2, Instit. (liv. i, tit. xxi).

La règle est, du reste, écrite en termes formels dans la loi 9, § 5, Dig. (*hoc. tit.*), il en résulte que toute *auctoritas* donnée après coup et par lettre est absolument nulle. Et c'est en ce sens que doit être entendue la loi 25, § 4, Dig. *De acq. vel omitt. hered.* (liv. xxix, t. ii) qui nous dit que l'*auctoritas tutoris* intervient *perfecto negotio*, c'est-à-dire non pas après un certain temps depuis la confection

____

(1) Voyez cependant la loi 3, au Dig. (hoc tit.), qui, suivant l'opinion de quelques interprètes, a peut-être été modifiée par Justinien, et qui exprime le droit de Justinien où aucune interrogation, aucune solennité de paroles ne sont plus nécessaires.

de l'acte, mais au moment même où toutes les conditions
de l'acte ont été accomplies par le pupille. Cela, du reste,
s'explique aisément : c'est au moment même où le pupille
vient de faire, quant à lui, pour réaliser l'acte juridique,
tout ce qu'aurait fait un pubère, que cet acte, menaçant
d'être radicalement nul faute de capacité, a besoin aussitôt pour se soutenir de l'intervention du tuteur ; si un certain temps s'écoulait, l'*auctoritas* ne rencontrerait plus
rien à vivifier. Sous Justinien, la présence du tuteur à
l'acte est encore nécessaire, quoiqu'on n'exige déjà plus la
solennité de paroles.

Voilà pour les règles de forme de l'*auctoritas;* elles en
font toute autre chose que notre autorisation ou notre
assistance du droit français. Voici maintenant deux règles
de fond qu'il importe de signaler :

L'*auctoritas* ne saurait être donnée sous condition ; et
c'est ce que décide la loi 8, Dig. (*hoc. tit.*). Comprendrait-
on, en effet, que le tuteur ne vînt que conditionnellement
donner complément de capacité au pupille ? L'*auctoritas*
est un de ces *actus legitimi* qui n'admettent pas de condition, non pas seulement à cause du procédé employé et de
la fiction supposée, comme la *mancipatio* ou l'*acceptilatio*,
mais à raison même de la nature juridique de l'acte qui
s'oppose à l'admission de tout élément conditionnel.

Ce n'est pas à dire, bien entendu, que l'*auctoritas* ne
pourra être donnée pour des actes conditionnels ; la loi 8
le suppose, au contraire, et il est clair qu'un pupille pourra
tout comme un pubère mettre à ses engagements, à ses
contrats, les conditions qu'il semble bon d'y insérer.

Mais en pareil cas, l'*auctoritas* devra toujours être appo-
sée purement et simplement ; car le tuteur a à faire que le
pupille ait ou non la capacité suffisante pour agir ; et pour
agir valablement, pour contracter des engagements,
même conditionnels, il faut une capacité complète et actuelle, nullement soumise à une condition. Si donc le tu-

leur veut arriver à ce résultat que le pupille ne s'oblige que sous condition, qu'il ait grand soin de le faire insérer dans la formule de l'engagement que celui-ci prononce, et non pas de l'apposer à l'*auctoritas* qu'il donne, croyant par là corriger l'effet d'un engagement pur et simple.

C'est une autre règle fort importante et fort développée à notre titre au Digeste, que le tuteur ne peut donner son *auctoritas in rem suam*. Trois fragments d'Ulpien, les lois 1, 3 et 7 (*hoc. tit.*), contiennent des développements à ce sujet. Il se comprend, en effet, que lorsque le tuteur se trouve avoir dans une opération juridique des intérêts opposés à celui du pupille, il ne saurait être admis qu'il vînt prêter son assistance à ce pupille et compléter sa capacité. Il faudra, en pareil cas, recourir à l'intervention d'un autre tuteur, au besoin d'un tuteur nommé *ad hoc*, toutes les fois qu'il faudra au pupille, pour agir, une autre *auctoritas*. Dans d'autres hypothèses, on se contentera de nommer au pupille un curateur *certæ causæ*, comme dans l'exemple cité au § 3 de notre titre aux Instituts.

Nous avons ainsi une idée exacte de la manière dont se pratique ce premier procédé donné au tuteur pour l'accomplissement de ses fonctions : l'*auctoritas* ; et il est facile de voir que cette *auctoritas* exprime une idée à plus d'un point de vue différente de ce que nous entendons par *autorisation* ou *assistance* en droit français. Le but à atteindre sans doute est le même : rendre une personne qui agit pour son compte apte à traiter valablement comme si elle était dans l'état de pleine capacité. Mais les formalités, la solennité qu'exige l'*auctoritas* sont étrangères à notre droit actuel.

Quoi qu'il en soit, lorsqu'il aura été passé par le pupille avec l'*auctoritas tutoris* un des actes qui peuvent être faits quant à son patrimoine, l'effet juridique en sera le même, en principe, que si l'acte avait été passé en état de puberté. C'est le pupille qui aura joué le rôle principal, qui aura parlé ou traité en son nom. C'est en lui que se réaliseront les conséquences de l'opération accomplie; s'agit-il d'une promesse faite, d'une *mancipatio* consentie, c'est bien lui qui sera devenu débiteur ou aliénateur, c'est contre lui que naîtra l'action servant à garantir les droits créés? C'est lui aussi qui au cas d'adition d'hérédité aura ainsi acquis toutes les actions héréditaires ou s'y verra soumis comme héritier.

Et par opposition, le tuteur qui n'aura fait qu'intervenir pour lui donner ce complément de capacité indispensable à la validité de l'acte, qui n'aura parlé que pour dire *auctor fio*, et nullement pour consentir quant à lui-même l'obligation ou l'aliénation opérée, le tuteur ne sera nullement tenu envers les tiers des conséquences de cet acte; aucune action de ce chef n'existera contre lui. Tel est le sens de la règle « *qui auctor est non se obligat.* » Le tuteur peut bien être responsable à l'égard du pupille de n'avoir pas interposé son *auctoritas* ou de l'avoir fournie mal à propos dans un acte qui ne pouvait être que nuisible au pupille, mais aucun rapport d'obligation ne doit s'ensuivre entre le tiers et le tuteur.

Il est facile, d'après tout ce que nous venons de dire, de nous rendre un compte exact des avantages et des inconvénients que présentait le procédé de l'*auctoritas* pour le gouvernement du patrimoine de l'impubère.

Le premier avantage, le principal, nous venons de l'indiquer, c'est de faire que les effets juridiques de tous les actes passés par ce moyen se réaliseront en la personne du pupille : les actions qui en naissent lui appartiendront en propre pour être exercées en son nom ou contre lui, et c'est là un avantage bien grand, car il s'agit de la gestion du patrimoine du pupille, il serait fâcheux que les actes concernant ce patrimoine ne produisissent pas directement leur effet sur lui.

En outre, il n'est pas d'acte permis, quant au patrimoine

du pupille, qui ne puisse être passé par le pupille au moyen de l'*auctoritas*, non-seulement les actes pour lesquels il pourrait à la rigueur se faire représenter *per extraneam personam*, mais encore ceux qui supposent l'intervention personnelle de l'intéressé.

Le tuteur en pareil cas est bien dans son rôle de protecteur, qui ne prend aux actes d'autre participation que celle absolument nécessaire pour subvenir à l'incapacité de l'impubère, toutes les fois qu'il aura jugé ces actes utiles au patrimoine dont il doit surveiller la gestion. Enfin l'on peut dire encore qu'une telle manière de procéder accoutumera peu à peu le pupille à gouverner lui-même ses propres affaires. Devant intervenir dans tous les actes pour y donner son consentement, pour y prononcer les paroles solennelles, il comprendra insensiblement le moyen de distinguer les actes qui lui seront nuisibles, et ceux qui doivent lui être profitables. Le tuteur, avant de le faire figurer dans un acte, ne manquera guère en effet de lui en expliquer le sens ; il y a donc à ce point de vue quelque chose de salutaire dans cette intervention forcée du pupille. Lorsqu'arrivera la puberté, il ne sera pas mis en libre possession de son patrimoine sans avoir aucune idée, aucune expérience pour le conduire.

Il ne faudrait pas toutefois exagérer la portée de ce léger avantage qui n'a pas empêché les Romains de considérer que le pubère, instruit de la sorte à manier ses intérêts, avait encore besoin d'une protection plus large jusqu'à l'âge de vingt-cinq ans.

L'*auctoritas* ne manque pas aussi d'être sous bien des rapports un procédé gênant. C'est un premier embarras que la nécessité de paroles solennelles, peu considérable cependant chez un peuple habitué à cette manière de former la plupart des actes juridiques.

C'en est un bien plus grand d'exiger la présence du tuteur et le concours des deux volontés du tuteur et du pupille. Si tous deux ne sont pas au même lieu, il y aura donc impossibilité d'agir. Pour chaque opération qu'il paraîtra bon au tuteur d'accomplir, il faudra faire venir le pupille, le déranger de ses études, et cela ne laisse pas que d'être peu praticable.

Et si le pupille ne veut pas consentir à faire ce que le tuteur lui demande, si, par une fantaisie, un caprice d'enfant, il se refuse à prononcer les paroles qu'on lui enjoint de prononcer : voici donc la gestion du patrimoine entravée, puisque le tuteur ne peut procéder comme *auctor* qu'en assistant le pupille.

Ce n'est rien encore, mais le plus grave inconvénient du procédé de l'*interpositio auctoritatis*, celui qui est tout à fait irrémédiable, c'est que l'*auctoritas* ne peut être employée qu'à partir de l'époque où le pupille est sorti de l'*infantia*, et pas avant. Nous avons vu en effet que l'impubère *infans* n'avait aucune volonté, et ne pouvait en conséquence figurer dans aucun acte juridique, même dût-il rendre sa condition meilleure. Là où l'acte du pupille est radicalement nul, où il ne peut y avoir qu'une apparence d'acte que rien ne vivifie, comment concevoir que l'*auctoritas* du tuteur puisse le valider? Elle n'est qu'un complément de capacité pour l'impubère; elle suppose donc déjà en sa personne une certaine capacité, quoique imparfaite, et l'*infans* n'en a aucune. Admettre que le pupille vienne prononcer des paroles machinalement sans pouvoir s'en rendre le moindre compte, et que le tuteur vienne conclure l'acte tout entier par ces simples paroles *auctor fio*, serait faire de l'*auctoritas* une cérémonie mensongère et déraisonnable. Si l'opération doit avoir lieu, il faut qu'il soit donné au tuteur un moyen de la faire tout entière et à lui seul, puisque le pupille ne peut en droit faire absolument rien (1).

(1) Il y a seulement deux hypothèses, que nous aurons à expliquer

Si l'on songe maintenant que, quoique l'on ait admis le pupille à figurer dans les actes avec l'*auctoritas*, dès qu'il est sorti de l'*infantia* (sans plus distinguer comme on l'avait fait d'abord si, d'après la précocité plus ou moins grande de son intelligence, il est à considérer comme *infantiæ* ou comme *pubertati proximus*), cette période de l'*infantia* ne se termine toujours qu'à sept ans, c'est-à-dire après une période d'années qui renferme la moitié de l'âge de puberté, on aperçoit tout de suite quelle insuffisance présentait l'*auctoritas*. Il n'eût été possible avec ce procédé de gérer le patrimoine des pupilles que pendant la moitié du temps où dure leur incapacité. Il eût été impossible de le faire, alors qu'étant tout à fait en bas âge ils ont le plus grand besoin d'une protection. Il fallait donc arriver à mettre aux mains du tuteur un autre procédé pour lui permettre de remplir la mission générale que nous avons vu lui avoir été confiée ; il fallait organiser un moyen pour le tuteur d'agir seul pour le pupille sans qu'il fût nécessaire de faire intervenir celui-ci.

Ce second procédé est celui qui nous est indiqué par Ulpien, en ces termes : *Tutor negotia gerit.*

Ici le rôle du tuteur est tout différent de celui que nous venons d'étudier dans l'*auctoritas*. Le pupille n'a plus aucun rôle à jouer dans l'acte qui concerne son patrimoine ; c'est le tuteur qui contracte ou traite pour le compte du pupille ; c'est lui qui figure dans les stipulations, mancipations, ventes, etc., qui sont passées avec des tiers dans l'intérêt de l'impubère.

Il n'y a dès lors aucune autre formalité à remplir que celle qui résulte de l'acte même intervenu ; il n'y a pas de

par la suite, où les jurisconsultes romains ont admis, *utilitatis causâ*, que l'*auctoritas* du tuteur puisse être prêtée à l'occasion de l'acte d'un pupille qui, pouvant déjà prononcer matériellement des paroles, n'a pas encore atteint l'âge de discernement.

formalité additionnelle, comme celle d'une *auctoritas* à donner. Le tuteur n'en a même aucune à faire pour indiquer qu'il agit au nom et comme représentant du mineur; il n'y aura à remplir d'autres solennités que celles qui sont exigées pour la stipulation ou la *mancipatio*, par exemple; il n'y en a aucune pour une location ou une vente.

Si l'acte dans ces conditions avait pu être fait de telle manière que les effets en fussent directement reportés en la personne du pupille; si le tuteur parlant en son nom avait pu ainsi, suivant les besoins du moment, le rendre directement aliénateur ou acquéreur, débiteur ou créancier; s'il avait pu se faire en un mot que le pupille fût considéré comme agissant par l'intermédiaire de son tuteur, comme agirait par elle-même une personne capable, un tel procédé (qui est aujourd'hui celui du droit français) aurait rendu complétement inutile l'*interpositio auctoritatis*; il aurait présenté tous les avantages de cette dernière sans avoir à subir aucun de ses inconvénients.

Mais il n'en était pas ainsi en droit romain; c'était un principe en pleine vigueur à l'époque classique qu'on ne pouvait être représenté dans un acte juridique *per extraneam personam*, c'est-à-dire par un individu qui n'est pas soumis à votre puissance, et dont par suite la personnalité ne se confond pas avec la vôtre. Le tuteur était en ce sens une *persona extranea* à l'égard du pupille. Dire que le tuteur ne pouvait pas représenter le pupille, c'était dire que les actes qu'il voulait faire en vue du patrimoine de ce dernier ne pouvaient produire directement d'effet juridique qu'en la personne du tuteur. Le tuteur stipule-t-il ou promet-il, c'est lui qui pourra devenir créancier ou débiteur, jamais le pupille, et encore faut-il qu'il ait bien soin de stipuler ou de promettre en son propre nom; vend-il la chose du pupille, c'est lui et lui seul qui sera obligé comme vendeur? Il en sera de même de tous les autres actes : s'il s'agit, par exemple, d'acquérir la propriété d'une chose au profit du pupille, le tuteur figurant à cet effet dans une *mancipatio* ou une *cessio in jure* ne pourra que se porter acquéreur pour lui-même, l'acte serait nul s'il venait affirmer le droit comme acquis au pupille.

Il nous faut bien voir que cette règle romaine crée en notre matière un double embarras fort gênant pour la marche de la tutelle.

D'abord il s'agit de gouverner le patrimoine du pupille, et voici que le patrimoine du tuteur se trouvera nécessairement engagé par des actes qui devraient, suivant le but poursuivi, lui rester étrangers ; s'agit-il de contrats qui ont eu pour objet de créer des obligations, le tuteur devient créancier ou débiteur des tiers avec qui il a traité ? Il faudra donc qu'il reporte maintenant sur la personne du pupille des actes qui n'ont été faits que pour lui. Il y sera forcé même en vertu de ses devoirs de tuteur ; il y aura lieu à l'exercice de l'action *tutelæ directa* pour réclamer du tuteur communication du bénéfice des créances qu'il a acquises ainsi au sujet de la gestion, de même qu'il aura l'action *tutelæ contraria* pour forcer le pupille de prendre à sa charge les dettes contractées par lui. Il en sera de même des acquisitions de droits réels destinées au pupille. Et ce n'est pas là seulement une complication ; ce circuit n'aurait rien encore de bien gênant, si le résultat à poursuivre pouvait toujours être atteint d'une manière complète ; mais il peut se faire que le patrimoine du tuteur ou celui du pupille soit insuffisant à raison d'une insolvabilité survenue pour satisfaire aux obligations que nous voyons naître entre eux par suite de ces actes du tuteur. Et alors celui des deux qui se trouverait créancier de l'autre souffrira de ce que l'effet d'un acte qui ne concernait que le pupille n'a pu, à raison d'une règle peu en accord avec la nécessité pratique, se produire directement en la personne du véritable intéressé.

En second lieu, cette intervention du tuteur ne peut s'appliquer à tous les actes qu'il peut être nécessaire d'entreprendre dans l'intérêt du pupille ; elle ne s'applique en effet qu'à la condition que le tuteur puisse agir en son propre nom, comme pour lui-même, sauf un règlement à faire ensuite, mais il y a des opérations juridiques à effectuer pour le compte du pupille, qui ne peuvent être faites qu'au nom de celui-ci et qui par suite, à cause du principe de la non-représentation, ne sauraient être accomplies que par lui, et n'admettent que le procédé de l'*auctoritas*.

En tête de ces actes nous pouvons placer l'*adrogation*; c'est en les appliquant à la personne même de l'adrogé que doivent être accomplies les solennités de cet acte si grave qui rend d'ailleurs le pupille *alieni juris* et fera cesser la tutelle. On conçoit du reste que par sa nature même un tel acte exige l'intervention personnelle de l'adrogé.

Mais voici par exemple l'*adition d'hérédité* pour laquelle une telle rigueur ne se conçoit plus aussi nécessaire. Néanmoins cette adition ne pourra être faite qu'au nom de l'héritier même ; il est clair en effet qu'un tiers n'a aucune qualité pour venir en son nom faire acceptation d'une hérédité à laquelle il n'est pas appelé. Or, le tuteur ne peut agir au nom du pupille ; il faut, ou que le pupille agisse lui-même avec son *auctoritas*, ou que, si le tuteur agit seul, même dans l'intérêt du mineur, il le fasse en son propre nom ; dès lors il ne pourra faire adition de l'hérédité. Telle est du moins la rigueur du droit classique tant que le pupille est *infans*.

Il en est ainsi encore pour tous les procès à soutenir à raison des droits litigieux qui font partie du patrimoine du pupille. Telle était la conception étroite des anciennes *legis actiones*, du *sacramentum*, par exemple, qu'il ne se concevait pas qu'une autre personne que le véritable intéressé, le titulaire du droit, vînt prononcer les paroles d'affirmation solennelle de la prétention, nécessaires pour lier l'instance. Ici donc encore il faudra que le pupille agisse lui-même avec l'*auctoritas tutoris*, et c'est ce qui sera impossible tant qu'il n'aura pas dépassé la période de l'*infantia*. Et cette difficulté s'étendra à tous les actes juridiques pour lesquels la fiction d'un procès est une condition de forme indispensable, pour toutes les applications si importantes de la *cessio in jure*.

On le voit donc, les deux procédés mis à la disposition du tuteur n'arrivaient pas, même avec leurs inconvénients pratiques, à satisfaire d'une manière absolument complète aux besoins de la tutelle. Il restait toujours l'impossibilité de faire pour le compte du pupille certains actes, et des plus importants, pendant la période de l'*infantia*. Il résultait bien aussi des inconvénients pratiques sérieux, ou de la difficulté d'employer toujours le procédé de l'*auctoritas* avec ses solennités, ou des conséquences du principe de la non-représentation si le tuteur agissait comme *negotiorum gestor*. Il faut reconnaître d'ailleurs qu'on arriva dans le dernier état du droit romain, peut-être même au déclin du droit classique, à donner au pupille ou contre lui des actions utiles pour les actes passés par son tuteur, à l'exemple de l'action *institoire* dont la théorie s'était grandement développée : de telle sorte qu'il y eut alors dans une large mesure représentation du pupille par le tuteur. Avant cette époque tout porte à croire, et cela résulte de la comparaison que nous avons faite des deux procédés, que le tuteur devait employer de préférence, pour son intervention, la voie de l'*interpositio auctoritatis*, quand il avait le choix, c'est-à-dire une fois le pupille sorti de l'*infantia* : c'était là en effet la véritable fonction caractéristique d'un tuteur, celle qui, en n'obligeant pas le tuteur, réalisait plus exactement le but à atteindre. La *negotiorum gestio* ne dut être employée pendant tout le cours de la tutelle qu'après l'introduction des actions utiles (1).

(1) V. à l'appui un texte assez obscur d'ailleurs, liv. i, §§ 2 et 3, Dig., *De adm. et per. tutor.*

Il nous reste, pour terminer, à signaler des procédés et facilités accessoires donnés par le droit romain au tuteur pour l'accomplissement de sa mission.

Et d'abord il pouvait employer les esclaves du pupille. Ceux-ci acquéraient nécessairement même, sans qu'il fût besoin d'ordre, les créances et droits réels au pupille ; si le pupille était *infans* et ne pouvait agir assisté de l'*auctoritas*, le tuteur n'avait qu'à faire figurer un esclave dans la *stipulatio* ou la *mancipatio*. Il pouvait aussi donner seul le *jussum* pour l'adition d'une hérédité à laquelle l'esclave aurait été appelé. D'ailleurs le droit prétorien avait admis que l'esclave pût obliger son maître par le contrat qu'il passait, pourvu qu'il l'eût passé sur son ordre, ou à l'occasion d'un pécule qu'on lui avait confié : il y avait alors contre le maître action *quod jussu in solidum* ou action *duntaxat de peculio*. Or, il n'est pas douteux que le tuteur pouvait donner à l'esclave du pupille un *jussum* ou lui confier un pécule, et c'était alors comme si l'impubère pleinement capable avait agi pour lui-même ; les actions étaient données contre lui. Il y avait là pour le tuteur un moyen souvent facile d'échapper à la nécessité d'engager son propre patrimoine pour les affaires du pupille.

En second lieu, il avait été admis que la règle qu'on ne peut être représenté, ni par suite acquérir *per extraneam personam* ne s'appliquait pas en matière de possession : la possession pouvait être acquise à celui qui n'appréhendait pas, si on recevait le *corpus* en son nom et qu'il eût l'*animus*. Cette règle s'appliquait au tuteur qui pouvait très bien recevoir la possession pour le compte du pupille, appréhender le *corpus* en son nom, et avoir pour lui, à sa place, l'*animus domini*. Il en était de même, à l'inverse, pour transmettre la possession à un tiers. La dérogation aux principes ici était non pas quant au *corpus*, mais quant à l'*animus* que le tuteur pouvait avoir pour le pupille, le représentant vraiment sur ce point, comme tout à l'heure pour le *jussum* à donner à un esclave. Ceci avait été admis à l'époque classique *utilitatis causâ* quand toutes ces théories de la possession et des obligations de l'esclave se développèrent.

On voit facilement quelle était l'importance en matière de tutelle de ces règles spéciales à la possession. Le tuteur pourra ainsi acquérir ou aliéner au nom du pupille les choses susceptibles de possession et plus tard de quasi-possession dans tous les cas où, soit l'aliénation, soit l'acquisition, résultent d'une remise de la possession, c'est-à-dire d'une tradition et plus tard d'une quasi-tradition. Or, la *mancipatio*, la *cessio in jure* tombant de jour en jour dans l'oubli, la tradition était le seul mode pratique de transmission de propriété entre-vifs dans le dernier état du droit, avant que Justinien eût formellement consacré ce résultat dans sa législation.

CHAPITRE II.

Après avoir indiqué d'une manière générale quels étaient les deux procédés de la tutelle romaine, instruments donnés au tuteur pour lui permettre d'accomplir l'obligation générale qui lui était imposée de conserver et même d'augmenter, autant que possible, les biens du pupille, nous avons à mettre en mouvement ce mécanisme, c'est-à-dire à faire aux différents actes qui peuvent se présenter à l'occasion d'un patrimoine à gérer l'application de la théorie que nous avons étudiée.

Ainsi que nous l'avons vu au début de cette étude dans les généralités relatives à la tutelle, le tuteur n'est pas placé vis-à-vis du patrimoine de l'impubère comme un propriétaire qui a le pouvoir absolu de faire de ses biens ce que bon lui semble. Le patrimoine de l'impubère est pour lui la chose d'autrui, et la loi qui a créé le tuteur a dû poser les règles générales de ses pouvoirs à l'égard de ce patrimoine. La loi reconnaît en effet au tuteur une liberté plus ou moins étendue, selon qu'il s'agit de telle ou telle catégorie d'actes. Il y a même toute une série d'actes qui lui sont formellement interdits.

Les actes interdits au tuteur sont ceux par lesquels il pourrait compromettre le patrimoine confié à ses soins. Il s'agit donc des actes à titre gratuit, c'est-à-dire de tous ceux qui, par leur nature même, et sans attendre leur résultat définitif, se présentent comme tendant à appauvrir le pupille.

Toute libéralité faite par le tuteur au moyen des biens du pupille est radicalement nulle (1), et cela quelque nom qu'elle porte, soit qu'il s'agisse du transport à titre gratuit de la pleine propriété d'un objet appartenant au pupille, entre-vifs ou *mortis causâ*, ou bien de la constitution d'une servitude sur ses biens; soit qu'il s'agisse d'un affranchissement ou d'une promesse faite *donandi animo*, soit d'une remise de dette ou d'une renonciation à un droit de servitude. Et ce ne sont pas seulement les donations proprement dites qui ne sont pas permises au tuteur, ce sont également tous actes gratuits, et par exemple, un commodat, un précaire, etc. Le tuteur, s'il faisait ces actes, manquerait en effet à sa mission qui est de conserver tout au moins, sinon d'augmenter les biens du pupille.

Nous avons dit que les affranchissements des esclaves du pupille étaient interdits au tuteur. Cette proposition serait trop absolue, si nous ne la tempérions par les res-

---

(1) C'est ce que Paul nous apprend : *Donationes ab eo factæ pupillo non nocent.* (L. 22, *De adm. et per.*)

trictions que la loi *Ælia Sentia* y apporte. Cette loi (voy.
aux Instit. de Justin., liv. i, t. vi), qui prononce en général la nullité des affranchissements faits par un mineur de
vingt ans, et par conséquent par un impubère muni de
l'auctoritas de son tuteur, les lui permet dans le cas où il
y a une *justa causa* d'affranchir, c'est-à-dire dans le cas où
c'est un intérêt légitime de la part du pupille qui déter-
mine l'affranchissement. Mais comme, même alors, il faut
éviter toute diminution de patrimoine qui ne serait pas
absolument nécessaire au but à atteindre, c'est-à-dire de
procurer la liberté à l'esclave, Paul nous apprend (loi 24,
De manumissis vindicta. L. xl, t. ii), que le pécule constitué à *l'ordinarius* fait retour au maître (1).

Dans notre droit français on admet généralement que le
tuteur peut faire valablement, et sans avoir besoin pour
cela d'aucune autorisation, ces petites libéralités qu'il est
d'usage de faire dans certaines circonstances et qui, sans
être imposées par un texte de loi, sont entrées dans nos
mœurs et sont pour ainsi dire moralement obligatoires. Il
y a lieu de se demander s'il en est ainsi en droit romain et
si l'on doit faire dans ces cas une exception au principe
qui défend au tuteur tout acte à titre gratuit. Nous pensons
qu'il faut répondre affirmativement. Un point certain et
résolu par les textes, c'est que le tuteur peut et doit même,
au nom du pupille, à l'éducation duquel il est préposé
comme à son patrimoine (*moribus*) (2), procurer aux maî-
tres qui l'instruisent des salaires proportionnés à la fortune
du pupille. Il doit également fournir des aliments aux
esclaves, aux affranchis et quelquefois même à des étrangers, *si hoc pupillo expediet*, et ces derniers mots semblent
indiquer la même raison pour laquelle on lui permet dans

(1) *Pupillus, qui infans non est, apud consilium recté manumittit.
Paulus : scilicet tutore auctore; ita tamen, ut peculium cum non se-
quatur.*

(2) Nous expliquerons plus loin le sens exact de ce mot.

certains cas les affranchissements. (Loi 12, § 3, Dig., liv. xxvi, t. vii.) Il peut encore, *decreto interveniente*, faire une pension alimentaire à la mère ou à la sœur du pupille qui se trouve dans le besoin. (Loi 1, § 2, Dig., liv. xxvii, t. vii.) (Loi 3, § 2, Dig., liv. xxvi, t. vii.) Mais les textes ajoutent que le tuteur ne peut faire aux mêmes personnes des cadeaux de noces, et Ulpien, d'après Labéon, nous en donne la raison : *nec perquam necessaria est ista muneratio.* (Loi 1, § 5, Dig., liv. xxvii, t. viii.) Il semble résulter de ces mots qu'il y a des *munerationes*, cadeaux de noces ou autres, qui sont au contraire *necessariæ* et c'est ce que reconnaît très explicitement la loi 12, § 3 (L. xxvi, t. vii), en disant du tuteur : *Solemnia munera parentibus cognatisque mittet.*

Cette règle absolue que le tuteur ne peut, par des actes gratuits, appauvrir le patrimoine du pupille, s'applique de quelque manière que l'acte puisse être passé, soit qu'il soit fait par le tuteur directement, soit que celui-ci le fasse accomplir par le pupille en lui fournissant son *auctoritas*. L'acte serait donc nul, *ipso jure*, et les tiers ne pourraient s'en prévaloir d'aucune manière.

Le pupille conserverait la revendication des objets aliénés, la créance abandonnée *per acceptilationem*, et ne serait soumis à aucune action pour les promesses intervenues de son chef.

En dehors des actes gratuits qui sont absolument interdits au tuteur, le principe général est que le tuteur peut faire et faire seul tous les actes que nécessitera l'administration du patrimoine du pupille.

Mais cette règle, vraie à l'origine du droit, a reçu à différentes époques des modifications sérieuses, et nous avons à rechercher quels sont les actes pour lesquels, tout en maintenant au tuteur le pouvoir de les faire, on a exigé l'intervention du magistrat, sans le *decretum* duquel l'acte n'aurait aucune valeur.

L'an 195 de l'ère chrétienne, fut rendu sur la proposition de Septime-Sévère un sénatus-consulte dans le but de conserver aux pupilles les biens les plus importants de leur patrimoine. D'après ce sénatus-consulte, en effet, les tuteurs perdent le droit d'aliéner seuls les *prædia rustica vel suburbana*, c'est-à-dire les immeubles situés en dehors des villes. Par là on voulait empêcher le tuteur de détruire la consistance du patrimoine de son pupille et de mettre à la place d'un immeuble, peu sujet à des pertes ou à des dépréciations, d'autres biens d'une valeur moindre ou d'une moins grande solidité. (Loi 1, pr. Dig., liv. xxvii, t. ix.) Le § 2 de la même loi, qui contient l'*oratio* du prince, ne fait à cette prohibition que de rares exceptions. Le premier cas est celui où, les *prædia rustica vel suburbana* faisant partie des successions échues au pupille, les parents de qui il les tient ont eu soin de spécifier dans leur testament ou dans des codicilles que la vente en pourrait avoir lieu : *Nisi ut id fieret parentes testamento vel codicillis caverint*. Dans ce cas, le tuteur peut aliéner seul les *prædia rustica vel suburbana* du pupille.

L'*oratio Severi* indique encore deux hypothèses où l'aliénation pourra avoir lieu, et cette fois, sans l'obtention d'un *decretum*, parce qu'elle sera forcée : *Si communis res erit et socius ad divisionem provocet; aut si creditor, qui pignori agrum a parente pupilli acceperit, jus exequetur : nihil novandum censeo.*

Peut-être y aurait-il lieu de généraliser d'après cette dernière observation, et de dire que l'aliénation sera valable toutes les fois qu'il n'aura pas dépendu du tuteur de s'y soustraire et que la nécessité en sera démontrée. Ulpien, donnant cette décision en dehors du texte même du sénatus-consulte, pour le cas où une juste revendication du fonds rustique ou suburbain du pupille est exercée par le tuteur, semble nous autoriser à l'étendre à tous les cas semblables où, selon ses expressions, *hæc alienatio non sponte tutorum erit.* (Loi 3, §§ 2 et 3, Dig., liv. xxvii, t. ix.) La loi 1re pr. au Code (liv. v, t. lxxi) semble, par la généralité de ses termes, confirmer cette décision (1).

Une autre disposition du sénatus-consulte prévoit l'absolue nécessité de réaliser, pour payer les dettes considérables du pupille, une somme suffisante qu'on ne pourrait trouver autrement que par l'aliénation de ces *prædia,* parce que les autres biens du pupille ne sont pas assez importants (2). Mais ici il y a une question d'appréciation dont le tuteur ne reste pas le juge. C'est au préteur urbain qu'on confie le soin d'examiner quels *prædia* doivent être aliénés ou hypothéqués. Après cet examen il rend un décret d'autorisation, et le tuteur n'est plus que l'instru-

(1) Nous pouvons également argumenter d'un texte de Terentius Clemens, relatif au mineur de vingt-cinq ans, qui forme la loi 61, § 1 au Dig., liv. xxiii, t. iii : *Iste autem curator res dotis nomine tradere debet : non etiam ut vendat cuilibet, et pretium ejus in dotem det. Dubitari autem potest an hoc verum sit : quid enim, si aliter honeste nubere non possit, quam ut pecuniam in dotem det : illque ei magis expediat ? At quin possunt res in dotem datæ plerumque alienari et pecunia in dotem converti.* Ce que Terentius Clemens dit du curateur peut s'appliquer avec les mêmes raisons au tuteur, dans les hypothèses analogues où l'aliénation paraît nécessaire, car celle d'une constitution de dot ne peut pas se présenter pour le pupille.

(2) Nous avons vu plus haut que, selon toute apparence, il y avait lieu de généraliser dans les cas où, l'aliénation étant nécessaire, il n'y a pas besoin qu'intervienne le *decretum* du magistrat. Ici, tout en maintenant la nécessité de cette autorisation, n'y a-t-il pas lieu d'étendre aux cas d'utilité constatée par le magistrat l'exception que nous étudions, et de dire que l'aliénation des *prædia rustica vel suburbana* sera autorisée chaque fois que cela sera utile au pupille, en sorte que la disposition prohibitive du sénatus-consulte se bornerait à interdire au tuteur de procéder *seul* à l'aliénation, ou, même autorisé, d'y procéder sans une utilité manifeste. L'intitulé du titre qui traite au Digeste du sénatus-consulte paraît rédigé en ce sens : DE REBUS EORUM QUI SUB TUTELA VEL CURA SUNT, SINE DECRETO NON ALIENANDIS, VEL SUPPONENDIS.

3

ment d'exécution (1). Le pupille a, d'ailleurs, une action contre le magistrat pour le cas où il pourrait prouver que celui-ci a rendu frauduleusement son *decretum* d'autorisation. Tel est le commencement de l'*oratio* que nous venons d'analyser. *Præterea, patres conscripti, interdicam tutoribus et curatoribus ne prædia rustica vel suburbana distrahant : nisi ut id fieri parentes testamento vel codicillis caverint. Quod si forte æs alienum tantum erit, ut ex rebus cæteris non possit exsolvi ; tunc prætor urbanus vir clarissimus adeatur, qui pro sua religione æstimet quæ possint alienari obligarive debeant : manente pupillo actione, si postea potuerit probari, obreptum esse prætori.*

En défendant aux tuteurs de *distrahere* les *prædia rustica vel suburbana* du pupille, ce n'est pas seulement de la vente proprement dite que Septime-Sévère entend parler, mais bien de tout acte dont le résultat est l'aliénation de ces biens. Le but même qu'on a voulu atteindre par cette nouvelle prohibition et l'expression employée (*distrahere*) suffiraient à établir cette solution, si nous ne la trouvions très nettement exprimée dans plusieurs textes. C'est en effet ce que nous dit la loi 15 au Code, liv. v, t. LXXI, pour la *datio in solutum;* la loi 4 (*eod. tit.*) pour la transaction; l'échange, *vel alio quoquomodo;* la loi 3, § 4, liv. XXVII, t. IX, pour l'emphytéose; la même loi, § 5 pour l'usufruit, *quamvis oratio nihil de usufructu loquatur.* L'usufruit

---

(1) Ce n'est qu'en cas d'*absolue nécessité*, et comme le dit très bien Ulpien, *si æs alienum immineat* que le préteur doit décréter l'aliénation. Pour arriver à reconnaître cette nécessité, c'est-à-dire pour se rendre compte qu'il n'y a pour le pupille d'autres moyens de s'acquitter envers ses créanciers et d'éviter la *venditio bonorum*, le préteur doit connaître exactement la situation du patrimoine du pupille, et pour cela il doit consulter ceux qui peuvent le mettre au courant, c'est-à-dire les parents, les amis, les familiers, même les affranchis du pupille, et si ceux-ci sont suspects, il doit se faire rendre des comptes par le tuteur (§§ 9, 11, 14, L. 5, liv. XXVII, t. IX).

qu'aurait le pupille sur un *prædium rusticum vel suburba-num*, ne pourrait, nous dit ce dernier texte, être aliéné d'aucune manière, et si le tuteur le laissait s'éteindre *non utendo*, il devrait être rétabli. Le même texte nous ap-prend qu'aucune servitude ne peut être constituée sur le fonds du pupille, de même que le tuteur n'a pas le pou-voir de faire l'abandon d'un droit de servitude qui existe-rait au profit de ce fonds.

Le tuteur ne peut pas davantage, *sine decreto*, consentir une hypothèque sur les fonds du pupille.

Ulpien donne sur *l'oratio Severi* (loi 1, § 4, liv. xxvii, t. ix) une décision qui paraît singulière. Si, dit-il, le pu-pille qui a acheté des *prædia rustica vel suburbana* les laisse au vendeur à titre de gage jusquà ce que le prix en ait été payé, cette constitution de gage est nulle, car dès que la propriété du fonds est passée sur la tête du pupille, celui-ci se trouve dans l'impossibilité de l'engager.

Paul, dans la loi 2, donne la même solution, en ajoutant qu'elle ne s'applique pas au cas où le pupille a acheté du fisc et que dans ce cas le gage est valable. Nous ne voyons pas clairement une raison équitable de favoriser ainsi le fisc et de ne pas favoriser également les vendeurs ordi-naires. C'est là de plus, croyons-nous, mal comprendre l'intérêt du pupille qui doit être de ne pas écarter les vendeurs. Toutefois Paul nous apprend que, sur la de-mande des parties, l'Empereur pouvait par un rescrit con-firmer le gage constitué au profit d'un particulier.

Ulpien est conséquent en permettant au tuteur (loi 5, § 3, liv. xxvii, t. ix) l'aliénation du *prædium* donné en gage au pupille, en ne la permettant pas au contraire pour l'immeuble dont le pupille a obtenu la possession *jure dominii*, par exemple *ex causa damni infecti*. En effet, le fonds est vendu dans le premier cas comme chose du dé-biteur et non pas du pupille ; il n'en peut plus être de même dans l'autre hypothèse où nous rentrons dans l'application du sénatus-consulte, l'immeuble appartenant à l'impubère.

L'aliénation du *prædium* faite par le tuteur, malgré la défense du sénatus-consulte et en dehors des cas exceptionnels où elle est permise, est absolument nulle, et le pupille peut revendiquer son bien en quelques mains qu'il se trouve (loi 2, pr. au Code, liv. v, t. LXXI). *Non est vobis necessaria in integrum restitutio, si tutores, vel curatores vestri possessionem, licet pignori nexam, vendiderunt sine decreto.* Le droit commun suffit alors et il n'est pas besoin de *restitutio in integrum.*

Cette aliénation pouvait du reste être confirmée d'une manière spéciale quand le pupille avait recouvré sa capacité. Elle pouvait même devenir inattaquable sans confirmation expresse si, après cette époque, on avait laissé passer cinq ans sans réclamation (lois 2 et 3 au Code, liv. v, t. LXXIV).

Mais si nous nous trouvons dans un cas exceptionnel où l'aliénation est permise, la preuve de la lésion doit être faite pour que la *restitutio in integrum* soit admise. C'est ce que nous lisons dans la loi 11 au Code (liv. v, t. LXXI) : *Siquidem decreto minor annis patronus tuus rusticum prædium renundedit : supervacuum est de vili prætio tractare, cùm senatus-consulto auctoritas retento dominio alienandi viam obstruxerit. Si vero jure interposito decreto venditionem vili pretio ejus possessionis, cujus vires ignorabat, fecit, juxta perpetui edicti auctoritatem in integrum restitutio causa tamen cognita præbetur.*

Nous venons d'étudier avec quelques détails une première restriction apportée par le sénatus-consulte de Septime-Sévère au pouvoir absolu du tuteur de faire tous actes onéreux. La législation romaine ne devait pas s'arrêter là, dans cette voie de diminuer la liberté d'action du mandataire qu'elle avait créé. C'est en effet ce qui arriva au commencement du quatrième siècle de l'ère chrétienne.

Constantin défendit au tuteur, par une constitution qui
forme la loi 22 au Code, livre v, t. xxxvii, d'aliéner, sans
un décret du magistrat, tous biens quelconques du pupille,
excepté ceux qui devraient périr ou dont l'inutilité serait
constatée. Et encore cette exception est-elle trop générale,
car si nous prenons à la lettre les expressions de Constantin, le tuteur ne peut plus vendre, *sine interpositione decreti*, que les vêtements qui se gâteraient sans profiter à
personne, si on les conservait, et les animaux inutiles :
*Jam ergo venditio tutoris nulla sit, sine interpositione decreti,
exceptis his duntaxat* vestibus *quæ detritæ usu, seu cor-
ruptæ servando servari non potuerunt,* animalia *quoque*
supervacua *quin veneant, non vetamus.*

Le sentiment qui domine le sens de la constitution de
Constantin et qui l'a inspiré, c'est la crainte de la *fraus
tutoris*, la défiance contre les tuteurs, et ceux-ci y avaient
sans doute donné lieu, dans la décadence des mœurs, par
leurs exactions et leur mauvaise foi (1). La crainte que fait
naître le tuteur est si grande que le pupille est placé sous
la protection des esclaves urbains pour la garantie de son
patrimoine...... *Ante omnia igitur,* nous dit Constantin,
*urbana mancipia, quæ totius suppellectilis notitiam ge-
runt, semper in hereditate et in domo relincantur : nam
boni servi fraudem fieri prohibebunt...*

A l'origine du droit, où les restrictions que nous venons
d'étudier n'existaient pas, et où tout était permis au tuteur,
excepté les libéralités, nous devons signaler les principaux
actes que le tuteur, mandataire du pupille, pouvait ou devait faire à ce titre.

----

(1) « Præcipimus itaque, ut hæc omnia (pupilli) nulli tutorum
liceat vendere, nisi hac forte necessitate et lege... scilicet per inqui-
sitionem judicis et probationem causæ interpositionemque decreti,
ut fraudi locus non sit... nullumque ædificii genus quod integrum
hereditas dabat colapsum tutoris fraude depereat... »

Comme protecteur du pupille, appelé à gérer son patrimoine, et soumis à l'obligation générale que nous avons signalée, il est des actes que le tuteur doit toujours faire, et d'autres qu'il aura à faire suivant les circonstances. Dans son propre intérêt comme dans celui du pupille et pour sa garantie, le tuteur est soumis à son entrée en fonctions à certaines obligations spéciales. Avant tout, le tuteur doit déclarer devant le magistrat s'il est créancier ou débiteur du pupille ou de ses parents : *Aut etiam minoris parentes.* Toutefois cette obligation spéciale est une innovation de Justinien dans sa Novelle LXXII. (Ch. 1.)

Dans le cas où les rapports de créancier ou de débiteur entre le tuteur et le pupille ne sont survenus qu'après l'entrée en fonctions du tuteur, dans le cours de la tutelle, il n'y a pas lieu à son remplacement, mais on lui adjoint un cotuteur.

Justinien nous donne là raison de la nouvelle incapacité qu'il crée : *Ne fiat adversus adolescentem, aut ejus substantiam, ab eo, qui cum habet obligatum, ulla malignitas...* (Ch. 11.), et plus loin (Ch. 111.) : *Ne ex hoc ipso hostem et non curatorem (vel tutorem) adolescentulo præbeamus.*

Le chapitre IV contient la sanction de l'omission par le tuteur de la déclaration qui lui est imposée... *Si quis aperte obligatus existens tacuerit, sciat iste, quia sustinebit pœnam, quod non possit redhibitionibus aut aliis, solutionibus debiti se miscere tempore (tutelæ) forsan arte compositis.*

Le tuteur doit encore, avant d'entrer en fonctions, s'engager *cum satisdatione* à bien gérer le patrimoine du pupille.

Mais il y a deux classes de tuteurs qui sont dispensés de cette obligation. Ce sont les tuteurs testamentaires, par cette raison que *fides eorum et diligentia ab ipso testatore probata est;* et les tuteurs qui ne tiennent pas leurs fonctions de la loi, mais du magistrat, *a consule, vel a præ-*

tore, vel a præside provinciæ, et cela, *quia satis idonei electi sunt* (1).

Dans ce dernier cas, la nomination faite par le magistrat est précédée d'une enquête sur la capacité, la moralité et la fortune du tuteur, et la garantie qui en résulte équivaut au moins à celle que donnerait une caution.

Parmi les tuteurs testamentaires on tient pour dispensés de la caution les tuteurs nommés irrégulièrement et dont la nomination a besoin d'être confirmée par le magistrat. C'est ce que nous apprend Nératius (liv. xxvi, t. iii, loi 2. pr.) : *Mulier liberis non recte testamento tutorem dat; sed si dederit, decreto prætoris vel proconsulis ex inquisitione confirmabitur : nec satisdabit pupillo salvam fore.*

En dehors de ces exceptions, tous les tuteurs étaient tenus de fournir la caution *rem pupilli salvam fore.* En étaient donc tenus les tuteurs légitimes et fiduciaires et les tuteurs nommés, *sine inquisitione,* par les magistrats municipaux. Toutefois parmi les tuteurs légitimes une exception pouvait être faite par le préteur, *causa cognita,* au profit du patron et de ses enfants...... *Ut si persona honesta sit remittatur ei satisdatio, et maxime si substantia modica sit; si autem persona vulgaris, vel minus honesta sit; ibi dicendum est satisdationem locum habere.* (Liv. xxvi, Dig., t. iv. loi 5, § 1, et loi 13, § 1, t. v.) (2).

(1) Gaïus, Com. i, § 200. — Inst. de Justin., liv. i, t. xxiv, § 2, *De satisdatione tutorum vel curatorum.*

Dans le texte de Gaïus, il n'est question que des *curatores.* Mais il n'est pas douteux que l'exception qu'il renferme ne s'applique aux tuteurs, et les Instituts de Justinien ne font en effet aucune distinction.

(2) Nous croyons que le pouvoir accordé au préteur de dispenser de la *cautio, causa cognita,* le patron et ses enfants, s'appliquait également, et à bien plus juste raison, au père émancipateur. L'émancipation ressemble à un affranchissement, et il n'est pas douteux que les sentiments d'affection, qui paraissent une garantie suffisante pour dispenser de la caution le patron, tuteur légitime de son affranchi, se

Cette obligation de fournir la *cautio rem pupilli salvam fore* ne fut pas toujours imposée au tuteur. La loi Atilia pour Rome, les lois Julia et Titia pour les provinces, ne contenaient, nous disent les Institutes de Justinien (§ 3, liv. ı, t. xx), aucune disposition à cet égard. Mais du temps de Gaïus, « le préteur prend soin de faire donner caution aux tuteurs et curateurs en cette qualité, afin que les biens des pupilles et de ceux qui sont en curatelle ne soient pas dissipés ou diminués par ces tuteurs et curateurs. » (Comm. ı, § 199) (Instit. de Just., t. xxıv, pr.)

Comment et envers qui la caution était-elle donnée? Sur l'invitation des magistrats municipaux (Inst. Just., l. ı, t. xxıv, § 4), le tuteur doit faire la promesse accompagnée de fidejusseurs : *rem pupilli salvam fore*. S'il refuse de se soumettre à cette obligation, des constitutions impériales décident que le magistrat devra procéder sur les biens du tuteur à une prise de gage, *pignoris capio*, qui sera une sorte de compensation au bénéfice et à la garantie qui seraient résultés pour le pupille de l'offre d'une caution (Inst. Just., § 3, liv. ı, t. xxıv), et en outre un moyen de contrainte indirecte.

La caution s'engageait envers le pupille au moyen d'une promesse. Le pupille interrogeait la *cautio* en ces termes : *Fide tua jubes rem meam salvam fore?* et la *cautio* répondait : *Fidejubeo.* L'engagement était alors formé. Cela allait de soi lorsque le pupille était présent et pouvait parler (1). Mais lorsqu'il ne pouvait encore parler ou était

---

retrouvent à un degré bien supérieur dans le père qui a émancipé son enfant. D'ailleurs, la supériorité de position du père vis-à-vis de l'enfant même émancipé commande cette exception.

(1) Nous trouvons ici un cas exceptionnel où peut s'appliquer exactement le sens étymologique du mot *infans* (*qui fari non potest*). Le principe est que l'*infans* est celui qui n'a pas sept ans, bien que toujours il puisse parler beaucoup plus tôt. Mais dans l'hypothèse qui nous occupe, il s'agit bien de désigner ainsi celui qui ne peut pas

absent, la stipulation nécessaire ne pouvant plus intervenir entre le pupille et la caution, il semblait impossible que l'engagement pût avoir lieu, puisque : *si quis alii quam cujus juri subjectus sit, stipuletur, nihil agit.* (Inst. de Just., liv. iii, t. ix, § 4). Les Romains trouvèrent un expédient pour parer à cette difficulté sans porter atteinte au formalisme de leur droit. Ulpien nous le fait connaître : *Si pupillus absens sit vel fari non possit, servus ejus stipulabitur ; si servum non habeat : emendus ei servus est ; sed si non sit unde ematur, aut non sit expedita emptio : profecto dicemus servum publicum aput prætorem stipulari debere.* (Dig., liv. xlvi, t. vi, loi 2.) Seulement de la stipulation du *servus publicus* ne résultera pas pour le pupille une action directe, car la stipulation a eu lieu en dehors des règles de droit, *utilitatis causa.* Le pupille n'aura donc contre la caution et les fidéjusseurs qui ont accédé à son obligation qu'une action *utile.* Le même résultat se produirait, si le magistrat avait lui-même, comme Ulpien lui en fait un devoir, stipulé au nom du pupille, *si nemo est qui stipuletur.* (Dig., loi 1, §§ 15 et 16, liv. xxvii, t. viii.) Ce singulier moyen de parer à l'impossibilité où pouvait se trouver le pupille de stipuler personnellement, devait montrer le peu de nécessité de cette formalité de la stipulation et nous la voyons supprimée bientôt, c'est-à-dire sous-entendue, et Ulpien nous dit (loi 4, § 3, Dig., liv. xxvii, t. vii) que les fidéjusseurs, proposés par les tuteurs, sont aussi fortement tenus, lorsqu'ils ont affirmé par leur présence l'engagement pris par la caution et que sans protester ils ont laissé inscrire leurs noms sur les *acta publica,* que si la stipulation fût intervenue suivant les règles du droit. La même décision s'applique aux *adfirmatores,* c'est-à-dire à

articuler des paroles, sans distinguer s'il peut ou non les comprendre. La loi 2 au Dig., liv. xlvi, t. vi, commence ainsi : *Si pupillus absens sit, vel fari non possit...*

ceux qui, ayant garanti la solvabilité des tuteurs, tiennent lieu de fidéjusseurs.

Une troisième obligation était imposée au tuteur, celle de dresser un inventaire exact des biens du pupille. Avant d'avoir rempli cette obligation, le tuteur ne pouvait faire aucun acte de gestion (1), *nisi id quod dilationem nec modicam expectare possit*. S'il entrait en fonctions sans l'avoir remplie, on mettait cette omission sur le compte de sa mauvaise foi, *dolo fecisse videbatur*, à moins qu'il n'alléguât quelque juste raison d'y avoir manqué. Sauf dans ce dernier cas, la sanction était pour le tuteur que la consistance du patrimoine confié à ses soins était établie d'après le serment du pupille fait en justice. (L. 7, pr., liv. xxvi, t. vii.)

L'inventaire doit être fait *sub præsentia publicarum personarum*. (L. 24, Code, liv. v, t. xxxvii.) Nous ne savons pas exactement ce qu'étaient ces *personæ publicæ*. Mais il y a lieu de présumer que cette expression désignait les *tabularii*, sorte de greffiers chargés de tenir les registres des actes juridiques et les comptes des finances de la cité. On les nommait aussi *calculatores* : ..... *Calculatores, sive tabularii*. (Ulpien, Dig., loi 1, § 6, liv. l, t. xiii.)

L'inventaire devant servir de base aux comptes à rendre par le tuteur à sa sortie de fonctions, on conçoit que cette formalité devait être accomplie, non-seulement au commencement de la tutelle et pour les biens formant alors le patrimoine du pupille, mais dans le cours même de la tutelle, chaque fois qu'un ensemble de biens, une *universitas bonorum*, échéait au pupille par succession ou autrement.

Etant donc connu le but pratique de cette obligation imposée au tuteur, il est difficile de comprendre comment

---

(1) Cette observation s'applique d'ailleurs aux deux autres obligations spéciales imposées au tuteur à l'entrée de sa gestion.

il pouvait dépendre de la volonté d'un testateur d'en dispenser le tuteur; c'est cependant ce que Justinien nous apprend : ..... *Nisi testatores qui substantiam transmittunt, specialiter inventarium conscribi vetuerint* (1).

Le même texte de Justinien nous fait connaître à quoi s'exposaient les tuteurs qui manquaient à leur obligation de dresser l'inventaire : *Scituris tutoribus, quod si inventarium facere neglexerint : et quasi suspecti ab officio removebuntur, et pœnis legitimis quæ contra eos interminatæ sunt, subjacebunt : et postea perpetua macula infamiæ notabuntur, neque ab imperiali beneficio absolutione hujus notæ fruituri.* (Code, loi 13, § 1, *in fine*, liv. v, t. li.)

Dès que les trois obligations spéciales que nous venons de voir sont accomplies, c'est-à-dire dès que l'inventaire est dressé, la caution fournie, et tout rapport de créancier ou de débiteur écarté entre le pupille et le tuteur, celui-ci entre en fonctions. Nous avons alors à le suivre dans son rôle d'administrateur des biens du pupille et à voir quels sont sur ces biens ses droits ou ses pouvoirs.

Les actes que le tuteur peut faire au sujet du patrimoine du pupille sont de deux sortes : judiciaires ou extrajudiciaires. Nous commencerons par ceux-ci qui sont de beaucoup les plus nombreux et pour lesquels fort peu de restrictions entravent l'exercice des fonctions de tuteur. Toutefois nous ne pouvons songer à indiquer exactement tous les actes d'administration que le tuteur peut accom-

---

(1) Cette décision de Justinien est en contradiction formelle avec le principe posé par Julien, et que nous rapporte Ulpien, à savoir que les tuteurs qui ont mal géré doivent être condamnés, bien que le testament du père qui les a nommés porte *ut aneclogisti essent*. Or il est bien évident que la dispense accordée par un testateur de faire inventaire des biens de sa succession que recueille le pupille, conduit en définitive, quant à ces biens, à une dispense de rendre compte, et correspond à cette disposition : *ut aneclogisti essent.* (L. 5, § 7, liv. xxvi, t. vii.)

plir, car ces actes peuvent varier à l'infini, et il serait impossible d'en donner une liste complète ; mais nous voulons en étudier les principaux, dont les autres ne seront pour ainsi dire que des modifications et dans lesquels ils rentreront.

L'un des premiers actes par lesquels le tuteur doit commencer sa gestion, c'est la vente des choses *quæ sunt periculo subjectæ, quæ tempore depereunt*, c'est-à-dire de tous les meubles du pupille et de ses maisons de ville (*prædia urbana*). Par maisons de ville on entend, nous dit Ulpien, non-seulement tous les édifices qui sont dans des villes, mais encore les écuries et autres communs (*meritoria*) qui sont dans des métairies ou dans des villages, et même les maisons d'agrément ; car une maison est réputée *prædium urbanum*, non pas à raison de sa situation dans une ville, mais à raison de sa destination, c'est-à-dire à raison des revenus qu'on lui fait produire (*materia*). En sorte qu'on donnera le nom de *prædium urbanum* à un édifice auquel des jardins se trouveront attenants. Mais si ces jardins sont d'un grand revenu en vignes ou en oliviers, l'édifice ne sera plus réputé *prædium urbanum*. (Dig., L. 198, liv. L, t. XVI.)

L'obligation pour le tuteur de vendre les choses sujettes à dépérissement était si étroite qu'un testateur, en laissant au pupille sa succession, n'aurait pu en affranchir le tuteur. C'est ce que nous dit encore Ulpien : *Usque adeo autem licet tutoribus patris præceptum negligere, ut si pater caverit, ne quid rei suæ distraheretur, vel ne mancipia distrahantur, vel ne vestis, vel ne domus, vel ne aliæ res periculo subjectæ, liceat eis contemnere hanc patris voluntatem.* (Dig., L. 5, § 9, liv. XXVI, t. VII.)

Toutefois le tuteur pouvait, même parmi les choses sujettes à dépérir, en conserver quelques-unes pour l'usage personnel du pupille, car il eût été bien inutile de vendre des choses nécessaires, quoique *periculo subjectæ*, pour, avec l'argent qui en aurait été retiré, en acheter immédiatement de semblables. Ainsi le tuteur pouvait conserver quelques esclaves, *secundum dignitatem, facultatesque pupilli*, et les choses destinées au service ou à la consommation du pupille, tels que des produits alimentaires et des animaux servant à l'exploitation des biens. Il est probable que le magistrat appréciait dans quelle mesure le tuteur pouvait faire ici exception au principe général. D'ailleurs le tuteur, ayant dressé l'inventaire des biens du pupille, aura toujours à justifier plus tard de l'emploi des objets portés sur cet inventaire.

S'il ne procède pas à la vente des choses *quæ tempore depereunt*, ou s'il la diffère, le tuteur supporte les conséquences de ce manquement à ses devoirs. (L. 7, § 1, liv. xxvi, t. vii.) Aussi lisons-nous dans un rescrit de l'empereur Philippe que, si les objets que le tuteur devait vendre ont péri, fût-ce par cas fortuit, la perte qui en résultera sera à sa charge et non à celle du pupille. (L. 3, Code, liv. v, t. xxxvii.)

Telle était la règle formelle à l'origine. Mais nous rappellerons ici que l'empereur Constantin a presque renversé le principe en décidant, comme nous l'avons vu plus haut, que le tuteur ne pourrait plus rien vendre *sine interpositione decreti*, excepté quelques mauvais vêtements et les animaux inutiles. Ainsi, à partir de Constantin, le tuteur devrait avoir soin de ne pas convertir en deniers : *aurum, argentum, gemmas, cæteraque mobilia pretiosa, urbana etiam prædia et mancipia, domos, balnea, horrea, atque omnia quæ intra civitatem sunt :* toutes choses qu'auparavant on lui aurait imputé à faute de n'avoir pas vendues. (Code, l. 22, liv. v, t. xxvii.)

Le tuteur, en entrant en charge, trouvera généralement autre chose dans le patrimoine du pupille que des *prædia* ou des meubles. Il peut se trouver en possession de capitaux plus ou moins considérables qui se trouvent sans emploi. Il doit alors s'adresser au magistrat qui déterminera à partir de quelle somme il devra faire emploi des deniers pupillaires et quel sera le mode d'emploi. Tant que le chiffre fixé n'était pas atteint, le tuteur devait conserver les sommes disponibles. Toutefois, nous dit Ulpien, *nec tamen auferenda facultas est, etiam minores summas interdum deponi postulare, si suspecti tutores esse videantur.* (Dig., L. 5, liv. XXVI, t. VII.)

Ces règles sur l'emploi des deniers pupillaires s'appliquent également à ceux qu'il a dû recouvrer par la poursuite des créanciers du pupille, exercée, au fur et à mesure des échéances. Dans ce cas, un délai de six mois est accordé au tuteur pour faire rentrer les sommes dues à la succession et les employer. Le délai est de deux mois pour toutes autres sommes. A partir de l'expiration de ce délai, il doit les intérêts de toute somme non employée. Il doit même les intérêts immédiatement et sans aucun délai lorsqu'il a employé une somme quelconque à son profit personnel, *in suos usus converterit.* On ne considérerait pas comme employée ainsi une somme que le tuteur devrait au père du pupille et que le tuteur ne paierait pas immédiatement au pupille, car il ne ferait alors que s'acquitter envers le fils des intérêts qu'il devait au père. (L. 7, §§ 3 et s., Dig., liv. XXVI, t. VII.)

Le tuteur doit payer les créanciers du pupille, et, s'il compte lui-même au nombre de ses créanciers, il doit se payer directement de ses propres mains ; ceci, bien entendu, en supposant qu'il est devenu créancier au cours de la tutelle, par suite d'une succession, par exemple. Il est même toujours censé l'avoir fait et il ne serait pas admis à alléguer le contraire à la fin de la tutelle. Il résulte de là que, si considérables que soient les intérêts dus par le pupille à celui qui devient son tuteur, ces intérêts cessent de courir dès que celui-ci entre en fonctions, et le pupille s'en trouve aussitôt libéré. (Dig., L. 9, § 5, liv. XXVI, t. VII.)

Beaucoup d'autres actes, moins importants ou moins fréquents que ceux que nous venons de parcourir, rentrent dans les pouvoirs d'administration du tuteur.

Toujours en matière extrajudiciaire, nous rencontrons le bail des *prædia* du pupille qu'il appartient au tuteur de faire directement. Toutefois il y a lieu de se demander s'il a le pouvoir de les conclure pour une durée sans limite. Rigoureusement les principes nous porteraient à dire que le tuteur ne peut être entravé d'aucune manière dans les baux qu'il passe des biens du pupille, et nous irions même jusqu'à lui accorder le droit de faire un contrat d'emphy-téose, parce que, suivant l'opinion qui a prévalu, ce n'est pas là un acte de disposition (1), et que les actes de disposition sont seuls interdits au tuteur. Cependant il est bien difficile de ne voir qu'un simple acte d'administration dans un louage fait à perpétuité ou même pour une durée qui peut se prolonger fort longtemps après la fin de la tutelle et priver le pupille, malgré lui, de la jouissance de son bien. Nous pensons donc, dans le silence des textes, qu'il y avait là une question de fait à examiner par le magistrat qui apportait ici au pouvoir d'administration du tuteur un frein probablement semblable à celui que nous trouvons en droit français dans la limitation à une période de neuf ans des baux passés par le tuteur (2).

(1) « Adeo autem emptio et venditio et locatio et conductio familiaritatem aliquam inter se habere videntur, ut in quibusdam causis quæri soleat, utrum emptio et venditio contrahatur, an locatio et conductio, veluti si qua res in perpetuum locata sit : quod evenit in prædiis municipum, quæ ea lege locantur, ut, quamdiu id vectigal præstetur, neque ipsi conductori, neque hæredi ejus prædium auferatur, sed magis placuit locationem conductionemque esse. » (Gaius, Comm. iii, § 145. — Inst. Just., liv. iii, t. xxiv, § 3.)

(2) En ce qui touche spécialement le contrat d'emphytéose, sans avoir de texte précis, il semble qu'on puisse tirer, pour refuser au tuteur le pouvoir de le faire, un argument d'analogie de la loi 3, § 3,

En qualité d'administrateur, le tuteur doit veiller à la conservation des biens du pupille. Dans cette obligation générale rentrent les obligations particulières de faire les réparations d'entretien et même les grosses réparations, de s'opposer à l'usucapion et à la *prescriptio longi temporis* qui pourraient s'accomplir contre le pupille, et à l'inverse, d'invoquer celles qui pourraient s'accomplir à son profit. Le tuteur doit encore veiller à la mise en rapport des biens du pupille. Il doit les faire cultiver par ses esclaves, en vendre les récoltes et produits divers aux meilleures conditions. Il doit même accomplir les améliorations utiles, et pour cela, s'il le faut, agrandir les *prædia* du pupille par des constructions nouvelles qui en augmentent la valeur.

Il doit encore faire accepter par le pupille les successions avantageuses qui peuvent lui être déférées, ainsi que les legs et donations, soit entre-vifs, soit à cause de mort, et si ces donations sont accompagnées d'une charge à exécuter ou d'une condition à accomplir, il ne doit pas négliger d'y satisfaire sous sa responsabilité. L'empereur Constantin nous dit en effet que: *pupillorum defensores, si per eos donationum conditio neglecta est, rei amissæ periculum præstent.* (Loi 21, au Code, liv. v, t. xxxvii.)

Enfin c'est au tuteur qu'appartient le soin de fournir aux dépenses d'entretien et d'éducation du pupille, et il doit le faire en proportionnant les dépenses au rang social et à la fortune du pupille. Mais il n'en faut pas conclure que le tuteur était chargé de la personne physique et morale de l'impubère. Il n'a ici qu'une fonction toute pécuniaire, celle de verser entre les mains de la personne que le ma-

---

liv. xxvii, t. ix, au Dig., qui ne lui permet pas de constituer un usufruit ni une servitude sur les *prædia* du pupille. Le paragraphe précédent de la même loi, qui nous dit que le tuteur ne peut aliéner un droit d'emphytéose appartenant au pupille, appelle l'emphytéose un droit réel (*jus prædii*), et par là le met sur la même ligne que la servitude ou l'usufruit.

gistrat a choisie pour lui confier la direction du pupille
les sommes qui lui sont nécessaires pour remplir cette mission (1). Ainsi, tandis qu'en droit français, le tuteur est
donné aux biens et à la personne du pupille, en droit romain, au contraire, il n'est donné qu'aux biens. Et ce principe n'est pas contredit par cette règle de Marcien (2), re-
produite par les Instituts de Justinien (3) que : *personæ,
non rei vel causæ tutor datur*. Il suffit en effet, pour avoir
le véritable sens de cette règle, de ne pas la séparer de ce
qui la précède. Or, voici comment elle est amenée au Digeste. Ulpien vient de dire que : *certarum rerum vel cau-
sarum testamento tutor dari non potest, nec deductis rebus*.
Pomponius ajoute : *et si datus fuerit, tota datio nihil va-
lebit;* et Marcien nous en donne la raison : *quia personæ, non rei vel causæ datur;* enfin, pour plus de clarté,
Ulpien continue ainsi : *si tamen tutor detur rei Africanæ,
vel rei Syriaticæ, utilis datio est.* N'est-il donc pas évident
que la règle *tutor personæ, non rei vel causæ datur*, signifie
tout simplement ceci, qu'à moins que le pupille ait des
biens situés dans des pays éloignés les uns des autres, on
ne divise pas l'administration de la tutelle qui n'est confiée
qu'à un seul tuteur, lequel est pour ainsi dire attaché à la
personne du pupille, en ce sens qu'il gère l'ensemble de
son patrimoine (4)?

(1) Voy. au Dig. le titre entier : *Ubi pupillus educari* (liv. xxvii, t. i),
surtout la loi 5.

(2) (Dig., L. 14, liv. xxvi, t. ii). — La loi 12 au Dig., § 3 (liv. xxvi,
t. vii), n'est pas non plus contraire au principe que nous posons,
quand elle dit : *Tutor non rebus duntaxat, sed etiam moribus pupilli
præponatur.* En effet, s'occupant de suite après des dépenses que le
tuteur doit faire pour l'instruction du pupille ou à l'occasion de divers
événements de famille, Paul n'entend évidemment parler par ces
mots *præponitur moribus* que des fonctions pécuniaires du tuteur
prises dans le sens que nous indiquons au texte.

(3) (Liv. i, t. xiv, § 4).

(4) Tel est le sens qui découle régulièrement de la disposition des

En fournissant, comme nous venons de le dire, à la personne à laquelle le magistrat a confié la direction morale et physique de l'impubère les sommes nécessaires pour l'éducation et l'entretien de ce dernier, le tuteur doit en principe respecter le capital, et même, autant que possible, ne pas épuiser entièrement les revenus du pupille. Il est rare, en effet, qu'un enfant n'ait pas des revenus suffisants pour fournir à une éducation qui soit en rapport avec son rang. Mais il peut arriver, au contraire, que ce soit pour le tuteur faire un acte de sage gestion que d'employer tout ou partie du capital de l'impubère à développer des facultés, des talents exceptionnels qui s'annonceraient chez lui et qui pourraient devenir plus tard, pour

textes au Digeste, et il faut reconnaître qu'en lui-même il est parfaitement exact ; mais il n'est pas douteux d'autre part que cet arrangement soit l'œuvre de Justinien qui a détaché des textes de Pomponius, de Marcien et d'Ulpien des membres de phrase séparés pour leur donner un lien qui amenât un sens logique. Or plusieurs auteurs pensent que la règle *tutor personæ datur* signifie autre chose. D'après eux elle a pour objet d'opposer le tuteur au curateur, et de montrer que la différence qui les sépare est celle-ci que, tandis que le curateur est donné au mineur uniquement pour la gestion de ses biens, le tuteur, au contraire (et c'est là le caractère essentiel de son institution), joint à cette fonction celle d'*auctor*, et dès lors ne peut être suppléé par un simple curateur. Nous croyons que les deux explications de la règle *tutor personæ datur* peuvent être soutenues. Toutefois un argument nous touche en faveur de la seconde. En effet, si comme le prétend Justinien aux Institutes (liv. i, t. xiv, § 4), et comme il le fait dire au Digeste à plusieurs jurisconsultes dont il a évidemment remanié les textes, la règle signifie que le tuteur ne peut être donné pour une affaire spéciale, comment expliquer cette autre règle contraire qu'un tuteur *certæ causæ* doit être nommé chaque fois que le tuteur en exercice ne peut pour une raison quelconque fournir au pupille l'*auctoritas* dont il a besoin, par exemple dans le cas où le tuteur, intéressé dans un même procès avec le pupille, ne peut se porter *auctor in rem suam* (Dig., Lois 18 et 22, de auct. et cons. ; — Loi 19, eod. tit. ; — Loi 17, § 1, de appell., liv. xlix, t. i).

lui, une source de grande richesse. Il y a là une question
d'appréciation dont le tuteur n'est pas seul juge, puisque
le magistrat fixe le chiffre des dépenses, et dans laquelle
d'ailleurs le pupille trouve une protection complète dans
l'obligation de rendre compte imposée au tuteur. Avant
même la fin de la tutelle, une sanction existe pour le cas où
le tuteur aurait nié mensongèrement avoir entre les mains
des revenus suffisants pour fournir aux frais d'éducation
du pupille. Ulpien nous l'indique. Après avoir dit que,
dans le cas où le tuteur qui devait faire le dépôt et l'emploi des deniers pupillaires, ne l'a pas fait ou l'a fait tardi-
vement, les magistrats l'obligent à fournir au pupille les
legitimæ usuræ de toute somme non déposée, il ajoute :
*Idem solent facere prætores etiam circa eos tutores, qui ne-
gant habere ad alendos pupillos penes se aliquid : ut quid-
quid constiterit penes eos esse, ejus gravissima usura pen-
datur : et hoc persequi oportere judicem palam est, cum et
alia pœnæ adjectione.* (Dig., L. 7, §§ 7 et 8, liv. XXVI,
t. VII.) — (Voy. également le t. II au Dig., liv. XXVII.)

Nous avons vu les principaux actes extrajudiciaires
qu'il rentre dans les fonctions du tuteur d'accomplir au
nom du pupille. Ce ne sont pas les seuls actes que puisse
comporter la gestion d'un patrimoine. Un patrimoine se
compose, non-seulement de biens corporels, mais encore
de droits qu'il est toujours utile d'exercer. Or il serait désastreux pour le pupille que son âge retardât le bénéfice
qui peut résulter pour lui du triomphe de ces droits en
justice, et comme, à l'inverse, les tiers peuvent aussi avoir
des droits contraires à faire reconnaître contre lui, il serait
injuste de les forcer d'attendre que le pupille, parvenu à
l'âge de puberté, pût y répondre lui-même.

Il devait donc rentrer dans les fonctions du tuteur de
veiller à ce que les droits du pupille ne périssent pas faute
d'avoir été exercés en temps, de même qu'il devait lui
appartenir de défendre aux actions intentées contre lui,

Et d'abord le tuteur peut plaider pour le pupille. Voici le principe posé par Paul : *Tutor ad utilitatem pupilli rem in judicium deducere potest.* (L. 22, Dig., liv. xxvi, t. vii.)

En nous donnant la règle, Paul nous fait comprendre par ces mots *ad utilitatem pupilli* quelle restriction elle comporte. Ainsi le tuteur ne pourra intenter une action en justice pour le pupille que lorsque cela sera certainement conforme à ses intérêts. Sinon, sa responsabilité serait engagée et il supporterait toutes les conséquences qui pourraient résulter de la perte du procès. Et cela tient d'ailleurs à ce principe que le tuteur ne peut appauvrir le patrimoine du pupille, et il l'appauvrirait en plaidant une mauvaise cause.

La même explication peut nous servir, si nous nous demandons maintenant si le tuteur peut, lorsqu'une action est intentée contre le pupille, transiger avec l'adversaire, ou même acquiescer à sa demande ou se désister. Pour la transaction, la loi 46, § 7 au Dig., liv. xxvi, t. vii, s'exprime ainsi : *Tutoribus concessum est, a debitoribus pupilli pecuniam exigere, ut ipso jure liberentur : non etiam donare vel etiam diminuendi causa cum iis transigere, et ideo eum, qui minus tutori solvit, a pupillo in reliquum convenire posse.* Ces mots *diminuendi causa* nous donnent la véritable mesure de la règle : le tuteur pourra transiger, lorsque la transaction n'aboutira pas en définitive à imposer au pupille un sacrifice pécuniaire qui appauvrirait son patrimoine. Sinon, il doit s'abstenir. La loi 54, § 5 et la loi 56, § 4, liv. xlvii, t. ii, confirment cette décision en permettant au tuteur de transiger *cum fure.* Pour l'acquiescement et le désistement, la règle est toujours la même. La cause du pupille est-elle bonne, le tuteur doit la défendre jusqu'à la fin et interjeter appel en temps utile de la sentence qui a pu être rendue contre lui. S'il manque à ce devoir, *tutelæ judicio indemnitatem pupillæ præstare debet.* (L. 11 au Code, liv. v, t. xxxvii.) Ce n'est que dans le cas contraire, celui où la cause du pupille est évidemment mauvaise, qu'il est de son intérêt que le tuteur termine par un acquiescement ou un désistement un procès injuste dont le résultat devrait être défavorable.

En principe le tuteur ne peut déférer le serment au nom du pupille à l'adversaire de celui-ci. Il ne peut le faire qu'en cas de nécessité, *omnibus probationibus aliis deficientibus*. (Dig., L. 35, pr. liv. XII, t. II.)

Les actes judiciaires que nous venons de parcourir : la transaction, l'acquiescement, la délation de serment, sont ou non permis au tuteur agissant seul ou au pupille muni de l'*auctoritas*, selon qu'ils consistent ou non en un abandon gratuit des droits de celui-ci. C'est d'ailleurs la règle générale aussi bien pour les actes extrajudiciaires que pour les actes judiciaires, que le tuteur puisse faire et faire seul tous les actes qui rentrent dans ses fonctions d'administrateur. Il peut également, et à son choix, en supposant toutefois le pupille sorti de l'*infantia*, les faire faire par celui-ci en intervenant au moyen de l'*auctoritas*.

Mais il est des actes qui, dans les idées des Romains, n'admettaient d'autre concours que celui de la personne intéressée et que le tuteur n'avait pas le choix de faire seul ou de faire faire au pupille muni de son *auctoritas*, et où il ne lui restait plus que le pouvoir d'*auctor*.

Quand le pupille était présent, sorti de l'*infantia* et d'accord avec le tuteur, aucune difficulté ne se présentait. Mais qu'arrivait-il dans le cas inverse et comment conclure un acte juridique utile aux intérêts du pupille, lorsque celui-ci est *infans* ou bien absent, ou encore que, présent et sorti de l'*infantia*, il s'entête à l'encontre de ses intérêts, de telle sorte que le tuteur ne puisse trouver chez lui ce commencement de volonté nécessaire pour qu'il y ajoute sa propre volonté, c'est-à-dire son *auctoritas*? Nous allons examiner les hypothèses particulières et d'ailleurs peu nombreuses dans lesquelles cette difficulté pouvait se présenter, et nous verrons à quels expédients la législation romaine avait recours pour arriver à la résoudre.

Dans le système originaire de procédure des Romains, il fallait, pour intenter une action en justice, accomplir de nombreuses formalités, des pantomimes, et prononcer des *verba solemnia, verba certa,* que les patriciens, dépositaires exclusifs du droit civil à cette époque, imposaient à tout plaideur. Avant d'agir, il fallait recourir aux pontifes pour en obtenir l'indication des pantomimes et des paroles nécessaires et du jour *faste* auquel le procès pourrait commencer. C'est là le système des *legis actiones* qui fut remplacé dans le courant du cinquième siècle de Rome par un système plus rationnel, le système formulaire. *Olim*, nous dit Gaïus (Comm. IV, § 82), *quamdiu legis actiones in usu fuissent, alterius nomine agere non liceret, nisi pro populo et libertatis causa.* Cette règle est d'ailleurs posée par Ulpien sous forme d'axiome : *Nemo alieno nomine lege agere potest.* (Dig., L. 123, pr., liv. I, t. XVII.) Il suit de là que, d'après la rigueur des principes, le tuteur ne peut agir *legis actione* au nom du pupille, et rien de désastreux pour celui-ci ne peut en résulter, dès que le tuteur peut lui fournir son *auctoritas* pour le rendre capable d'accomplir lui-même les formalités qui ne peuvent être accomplies *alieno nomine*. Mais dans le cas où le pupille est *infans* ou absent, nous savons que de toute nécessité le tuteur doit le remplacer et qu'il n'y a plus de place pour *l'auctoritas*. Dès lors il n'y avait aucun moyen d'agir *legis actione*, et il a fallu faire une nouvelle exception à cette règle : *nemo alieno nomine lege agere potest.* Cette exception devait être indiquée dans le § 82 du Comm. IV de Gaïus, mais ce § ne nous est pas parvenu en entier. Nous la trouvons au contraire constatée par Justinien (Instit., liv. IV, t. X, pr.): *Cum olim in usu fuisset alterius nomine agere non posse, nisi pro populo, pro libertate, pro tutela,*

Avec les *legis actiones* disparut la règle que *nemo alieno, nomine lege agere potest.* Sous le système formulaire le tuteur peut, en qualité d'administrateur, représenter le pupille en justice, intenter pour lui des actions ou y répondre (1). Toutefois il existe encore, même sous le système formulaire, des cas où il est difficile d'admettre que le tuteur puisse, d'après les principes, agir à la place du pupille. Ainsi il y a une partie de la formule, appelée *adjudicatio*, qui autorise le juge à adjuger l'objet à quelqu'une des parties ; par exemple, s'il s'agit d'une action en partage entre cohéritiers, ou entre associés du partage de fonds communs, du bien entre voisins, s'il y a action en bornage. Dans ces différents cas, la formule porte : LE JUGE ADJUGERA A TITIUS CE QUI DOIT ÊTRE ADJUGÉ. (Gaïus, Comm. IV, § 42.) L'intervention personnelle du propriétaire, de Titius, le pupille, paraît nécessaire. Si le tuteur intervenait, ce serait à son profit, à lui tuteur, que serait prononcée *l'adjudicatio*, et il se trouverait obligé de reporter sur le pupille le résultat de la sentence.

Gaïus semble indiquer (§ 83, Comm. IV) une autre hypothèse où le tuteur ne peut se substituer au pupille pour accomplir un acte juridique, c'est le cas où il s'agit de constituer un *cognitor* au pupille. Il dit en effet que cela ne se peut faire qu'en présence de l'adversaire et au moyen

(1) « Sufficit tutoribus ad plenam defensionem, sive ipsi suscipiant judicium, sive pupillus ipsis auctoribus ; nec cogendi sunt tutores cavere, ut defensores solent : licentia igitur erit, utrum malint ipsi suscipere judicium an pupillum exhibere, ut ipsis auctoribus judicium suscipiatur : ita tamen ut pro his qui fari non possunt vel absint, ipsi tutores judicium suscipiant : pro his autem qui supra septimum annum ætatis sunt, et præsto fuerint, auctoritatem præstent. » (L. 1, § 2, Dig., liv. XXVI, t. VII.) — Ce texte est un de ceux qui peuvent en outre être le plus sérieusement invoqués pour établir que l'*infantia* s'étendait jusqu'à l'âge de sept ans, comme nous l'avons toujours supposé d'après la doctrine aujourd'hui généralement admise.

de ces paroles solennelles : « Relativement au fonds de terre que je vous réclame, je constitue pour cogniteur dans cette affaire Lucius Titius. »

Il semble que le pupille doive les prononcer lui-même, car il affirme sa propriété.

D'ailleurs au *cognitor* pouvait être substitué, sans aucune formalité et par le tuteur même, un *procurator* qui rendait les mêmes services au pupille (1). (Gaïus, § 84, *loc. cit.*)

Certains actes, qui se sont conservés comme procédés juridiques, même sous le système formulaire, n'étant que l'application de la *legis actio* et renfermant l'affirmation d'un droit de la part du propriétaire, ne pouvaient être accomplis que par le pupille en personne. Telle l'*in jure cessio; idque legis actio vocatur*, nous dit Gaïus. (Comm. ii, § 24.) Voici en effet comment elle s'opérait : celui auquel une chose était cédée en justice disait, en tenant cette chose en présence d'un magistrat du peuple romain, d'un préteur ou d'un *præses provinciæ* : J'affirme que cet esclave m'appartient par le droit quiritaire. Puis le préteur demandait au cédant s'il ne s'opposait pas à cette réclamation, et, en cas de réponse négative ou même de silence de sa part, il attribuait la chose à celui qui l'avait réclamée. (Gaïus, *loco cit.*)

L'*in jure cessio*, supposant l'affirmation d'un droit de propriété, ne pouvait donc être accomplie que par le pupille, muni de l'*auctoritas*, et dès lors elle ne pouvait aucunement se produire s'il était *infans* ou absent, mais dans ce cas le résultat auquel elle conduisait, c'est-à-dire l'aliénation ou

---

(1) La constitution du *cognitor* n'aurait pas le même effet que celle d'un *procurator*. Est-ce un *cognitor* qui plaide, l'action *judicati* est donnée au *dominus* ou contre le *dominus* lui-même. Est-ce un *procurator*, l'action lui est au contraire personnelle. (Fragm. vatic., §§ 317 *in fine* et 332; Gaïus, Comm. iv, §§ 97 et 98.) Le § 331 des Fragm. vatic. s'occupe exclusivement d'un *procurator præsentis* qui est assimilé au *cognitor*.

l'acquisition, pouvait se trouver atteint d'une autre manière, bien que par une voie détournée (1).

Le tuteur, s'il s'agit d'acquérir, recevra la tradition de la chose dont la propriété passera de suite au pupille, si elle est *nec mancipi;* au bout d'une ou deux années, par l'usucapion, si c'est une *res mancipi.* S'il s'agit d'aliéner au contraire, le même résultat se produira en sens inverse au profit de l'acquéreur. Neratius nous dit : *Tutor pupilli, pupillæ, similiter ut procurator, emendo nomine pupilli, pupillæ, proprietatem illis adquirit etiam ignorantibus.* (L. 13, § 1, livre XLI, t. 1). Et réciproquement les empereurs Dioclétien et Maximien lui permettaient d'aliéner : *Tutores administrationis causa distrahentes quæ eis venundare licet, justam causam possidenti comparantibus præstant.* (Code, L. 16, liv. V, tit. XXXVII.)

Ce que nous avons dit de la *cessio in jure* s'applique également à la mancipation qui suppose la présence effective des contractants entourés d'un certain nombre de témoins et procédant à des formal'és minutieuses et à des pantomimes ayant pour objet de simuler la vente d'une chose, même absente (si elle n'est pas une *res mobilis*), et la réception d'un prix fictif. D'où le nom de *venditio imaginaria.* (Gaïus, Comm. I, §§ 119, 121. — Règles d'Ulpien, XIX, §§ 3, 6.) (2)

Toute obligation peut s'éteindre par acceptilation, nous dit Gaïus, pourvu qu'elle ait revêtu la forme d'une stipulation, parce qu'il est naturel qu'une obligation formée *verbis* puisse se dissoudre de même. L'acceptilation est un

____

(1) Il suffit de rappeler ici cette règle que nous avons développée plus haut, à savoir que le tuteur peut représenter le pupille à l'effet d'acquérir ou de transmettre la possession et par elle la propriété.

(2) Le tuteur pourrait bien encore acquérir par l'*in jure cessio* ou la *mancipatio* en son nom, sauf à retransférer ensuite la propriété au pupille. Mais il ne pourrait directement aliéner par *cessio in jure* ou par *mancipatio* la chose du pupille.

civile negotium (Règles d'Ulpien, t. xi, § 27) dans lequel il y a des paroles à prononcer et, comme dans la stipulation qui a produit le lien juridique, les parties intéressées devaient parler elles-mêmes, on ne comprendrait pas qu'elles pussent se faire remplacer pour délier ce rapport qu'elles ont formé.

La formule de l'acceptilation que nous donne Gaïus (Comm. iii, § 169) implique la présence du stipulant et du promettant. Le premier interroge : CE QUE JE VOUS AI PROMIS, LE TENEZ-VOUS POUR REÇU? et le second répond : JE LE TIENS POUR REÇU. Comment donc éteindre la dette ou la créance du pupille *infans* ou absent, puisqu'alors ni le tuteur ni le pupille ne peuvent figurer dans une *acceptilatio?* Ulpien nous répond : *Tutor acceptum ferre non potuit; nec procurator quidem potest facere acceptum : sed hi omnes debent novare : possunt enim et sic accepto facere. Ne his quidem accepto fieri potest : sed novatione facta poterunt liberari per acceptilationem. Nam et in absentiam persona hoc remedio uti solemus : stipulamur ab aliquo id novandi causa, quod nobis absens debet : et ita accepto liberamus, a quo stipulati sumus ; ita fiet ut absens novatione, præsens acceptilatione liberetur.* (Dig., L. 13, § 10, liv. xlvi, t. iv.)

Rien de plus simple que ce procédé. Les dettes ou créances du pupille qu'il s'agit d'éteindre passeront par la novation sur la tête du tuteur, qui dès lors, pouvant faire une acceptilation en son propre nom, fera disparaître le rapport d'obligation ainsi transformé. Le tuteur peut encore arriver au même résultat par un procédé différent. Il peut, si c'est le pupille qui est débiteur, conclure avec le créancier un pacte de *non petendo*, par lequel celui-ci s'engagera à ne pas réclamer ce qui lui est dû. Le pupille n'en reste pas moins obligé parce que le pacte n'est pas un mode d'extinction *ipso jure* des obligations, mais si le créancier s'avise de réclamer *contra pactionem*, le tuteur le repoussera par l'exception *pacti conventi*. Les mêmes effets se produiraient en sens inverse, si, au lieu d'être débiteur, le pupille se trouvait être créancier. Le tuteur peut consentir au débiteur un pacto de *non petendo*.

En dehors des actes judiciaires, il existe un autre acte très important qui sera impossible, d'après les principes, pendant l'*infantia* ou l'absence du pupille. Nous voulons parler de l'*adition d'hérédité*.

Mais ici les Romains qui attachaient un grand prix à ne pas mourir *instestat* tournèrent la difficulté au moyen de la substitution pupillaire. Ce procédé fut introduit par l'usage : *Moribus institutum est.* (Just. Instit., liv. II, t. XVI, pr. *in fine*.)

Le pupille ne peut jamais être qu'un héritier externe et volontaire, sauf pour la succession de son ascendant dont la mort le rend *sui juris* et dont il est héritier sien et nécessaire. Il doit donc acquérir l'hérédité, il n'en est pas saisi. C'est là un fait personnel dans lequel, d'après les principes, son tuteur ne peut le suppléer et qui, pendant l'*infantia* ou l'absence du pupille, ne peut s'accomplir avec l'*auctoritas*. Avant que les empereurs Arcadius et Honorius eussent aboli l'institution *cum cretione* (L. 17, Code, liv. VI, t. XXX), le pupille institué de la sorte devait, dans un certain délai et au moyen de certaines paroles solennelles (Règles d'Ulp., XXII, §§ 27, 28, 31, 32; Gaïus, Comm. II, §§ 164, 166, 170, 173), déclarer son intention d'accepter. Ensuite, la *gestio pro herede* ne pouvant évidemment s'appliquer au pupille, il fallut toujours qu'il manifestât sa volonté d'acquérir par les paroles consacrées de l'*aditio hereditatis*. Et non-seulement il y avait des paroles à prononcer par l'institué, mais celui-ci devait encore parfaitement comprendre ce qu'il faisait (Inst. Just., § 7, *in fine*, liv. II, t. XIX). Or l'*infans* n'a aucune intelligence. Les jurisconsultes étaient ici fort embarrassés, et ils durent faire exception à la rigueur des principes trop funeste pour le pupille. Ils décidèrent donc que dès que l'*infans fari potest*, peut articuler les paroles de la *cretio* ou de *l'aditio*, l'*auctoritas* du tuteur peut intervenir et l'acceptation peut avoir lieu, quoiqu'il n'ait pas encore de discernement (1).

Les jurisconsultes romains trouvaient dans le droit prétorien un autre moyen d'arriver au même résultat, c'est-à-dire de faire acquérir au pupille *infans* ou absent l'hérédité à laquelle il était appelé. Ils admirent en effet que lorsque le pupille serait *bonorum possessor* d'après le droit prétorien, le tuteur pourrait, pour le compte du pupille, demander au préteur la *bonorum possessio* qui fait acquérir (2) la propriété effective des biens de la succession après le temps requis pour l'usucapion.

L'an 426 de l'ère chrétienne, les empereurs Théodose et Valentinien firent pour l'hérédité proprement dite ce que le droit prétorien avait fait pour la *bonorum possessio :* ils admirent la représentation du pupille *infans* par son tuteur. Voici en effet ce que nous lisons au Code de Justinien (L. 18, § 2, liv. vi, t. xxx) : *Parente vero non subsistente, si quidem post ejus obitum tutor infanti sit, vel datus fuerit : posse cum etiam adhuc infante pupillo constituto,*

---

(1) Il fallait absolument venir au secours du pupille, nous dit Mœcianus : *Infanti non dubito omni modo subveniendum.* (Dig., l. 65, § 3, liv. xxxvi, t. i.) Cette même loi nous fait connaître un autre procédé pour faire parvenir l'hérédité au pupille *infans.* Le testateur a pu grever de fidéicommis la personne qu'il a instituée, l'obligeant de restituer l'hérédité au pupille. Dans ce cas le tuteur a qualité pour la recueillir en son nom.

(2) *Si ad pupillum aut furiosum bonorum possessio pertineat, expediendarum rerum gratia, et in agnoscenda et in repudienda bonorum possessione voluntatem tutoris curatorisque spectari debere, placuit : qui scilicet, si quid eorum contra commodum pupilli furiosique fecerint, tutelæ curationis ve judicio tenebuntur. »* (Gaïus, au Dig., L. 11, liv. xxvi, t. viii.)

« *Impubes nec bonorum possessionem admittere, nec judicium sine tutoris auctoritate accipere potest : quia tutor pupillo, et pater infanti filio bonorum possessionem ....tere possunt. »* (Ulpien, Dig., L. 7, § 1, liv. xxxvii, t. i.)

ejus nomine adire hereditatem, sive vivo parente, sive post mortem ejus ad eum devolutam : vel bonorum posses- sionem petere et eo modo eidem infanti hereditatem quærere.

D'ailleurs les principes romains décidant que l'esclave acquiert tout à son maître, le testateur aurait pu instituer l'esclave du pupille, et ce dernier devenait alors, par l'adi- tion de son esclave, faite *jussu tutoris*, aussi pleinement héritier que s'il eût fait aditior lui-même.

Si per epistolam servo pupilli tutor hereditatem adire jusserit : si post subscriptam epistolam, tutor moriatur, an- tequam ex epistola servus adiret, nemo dicturus est, obligari postea pupillum hereditati. (L. 50, Dig., liv. XXXIX, t. II.)

Pour terminer cette étude des fonctions du tuteur, nous devons nous demander quelle est la force des actes qu'il a passés dans les limites de ses pouvoirs. Nous avons à examiner cette question sous deux aspects différents. Quel est l'effet des actes passés par le tuteur à l'égard des tiers et dans quelle mesure les tiers sont-ils liés vis-à-vis du pupille ? En second lieu, quel est l'effet des mêmes actes entre le tuteur et le pupille ? C'est la question de la res- ponsabilité du tuteur et des garanties données au pupille contre sa mauvaise gestion.

Et d'abord, quel est à l'égard des tiers l'effet des actes passés par le tuteur ?

Nous avons déjà eu l'occasion de remarquer que l'intérêt bien entendu du pupille exigeait que les tiers pussent en toute sécurité contracter avec lui (1), quand il est muni de *l'auctoritas* ou avec le tuteur dans les cas où celui-ci peut remplacer le pupille. La validité des actes est la même dans les deux cas, et c'est ainsi qu'il faut comprendre ce texte de Paul : *Tutor qui tutelam gerit, quantum ad pro- videntiam pupillarem domini loco haberi debet.* (Dig.,

______

(1) « ..... *Nam et inutile est pupillis, si administratio eorum non servatur, nemine scilicet emente.* » (L. 12, § 1, Dig., liv. XXVI, t. VII.)

L. 27, liv. xxvi, t. vii.) Le principe est celui-ci : tout ce que le tuteur a fait de bonne foi dans les limites de ses pouvoirs doit être tenu pour valable et reste opposable au pupille. Quant aux actes faits de mauvaise foi par le tuteur, ils sont nuls (1). Toutefois il paraît bien certain que le préteur appliquait encore la *restitutio in integrum* au profit du pupille dans des cas exceptionnels contre les actes consentis par le tuteur. (Lois 29, pr. ; 47, pr. ; 49, t. iv, L. iv.)

Ainsi, le tuteur peut faire valablement un *mutuum* au nom du pupille, et l'emprunteur sera tenu de la *condictio*. De même encore le tuteur a qualité pour recevoir le paiement de ce qui est dû au pupille, et les tiers en payant entre ses mains sont entièrement libérés et à l'abri de toute nouvelle demande, cela du moins sous Justinien et avec l'intervention du juge, car, auparavant, si le tuteur se trouvait insolvable, le débiteur du pupille pouvait être inquiété de nouveau par l'*in integrum restitutio* dont nous allons parler.

Dans le cas où un acte régulièrement fait léserait le pupille, celui-ci, tout en restant tenu d'en subir les conséquences fâcheuses, aurait le bénéfice de l'*in integrum restitutio* pour faire annuler à son profit les actes compromettants pour son patrimoine qu'il a fait avec l'*auctoritas tutoris* ou que le tuteur a faits seul (2).

A l'acte fait de mauvaise foi par le tuteur, et qui par cette raison se trouve être nul, nous devons assimiler l'acte

(1) *Quæ bona fide a tutore gesta sunt, rata habentur etiam ex rescriptis Trajani et Hadriani. Et ideo pupillus rem vindicare non potest... Nec interest, tutor solvendo fuerit, necne; quum, si bona fide res gesta sit, servanda sit; si mala fide, alienatio non valeat* (loc. cit.).

(2) Lois 29 pr. et 47 pr., Dig., liv. iv, t. iv.

Bien que l'édit du préteur qui accorde l'*in integrum restitutio* ne parle que des adultes, il n'est pas douteux que ce bénéfice s'applique aux pupilles.

qu'il aurait fait en dehors des pouvoirs qui lui sont accordés. Ainsi, une libéralité faite par le tuteur ou par le pupille avec l'*auctoritas* serait nulle comme outrepassant ses droits et ne serait en aucun cas opposable au pupille (1).

De quelque manière qu'elle se produise, le pupille ne peut souffrir ni bénéficier de la mauvaise foi du tuteur. *Dolus tutorum puero neque nocere, neque prodesse debet. Quod autem vulgo dicitur, tutoris dolum pupillo non nocere, tunc verum est, cum ex illius fraude locupletior pupillus factus non est. Quare merito Sabinus tributoria actione pupillum conveniendum ex dolo tutoris existimavit : scilicet, si per iniquam distributionem pupilli rationibus favit : quod in depositi quoque actione dicendum est : item hereditatis petitione : si modo, quod tutoris dolo desiit, pupilli rationibus illatum probetur.* (Dig., L. 3, liv. xxvi, t. ix.)

Voyons maintenant quelle est la responsabilité du tuteur et dans quels cas elle existe. Le tuteur peut être responsable dans différentes hypothèses. Nous savons qu'il a, selon les actes et l'âge du pupille, deux fonctions distinctes : gérer, fournir l'*auctoritas*. Si l'*auctoritas* était nécessaire ou utile et qu'il l'eût refusée ou fournie trop tard, il serait tenu d'indemniser le pupille. Il en serait de même s'il avait refusé de gérer les affaires du pupille ou qu'il les eût mal gérées par mauvaise volonté ou par simple négligence. Toutefois, historiquement, la responsabilité du tuteur n'existe pas également dans les deux cas. Jusqu'au premier siècle de l'ère chrétienne, le tuteur, toujours responsable de ne pas fournir son *auctoritas*, quand

---

(1) *Donationes a tutore factæ pupillo non nocent.* (L. 22, *in fine*, Dig., liv. xxvii, t. vii.) — *Nulla differentia est, non interveniat auctoritas tutoris, an perperam adhibeatur.* (L. 2, Dig., liv. xxvi, t. viii.) — *Severus et Antonius rescripserunt : tutores qui res veritas sine decreto distraxerunt, nihil quidem egisse; verum si per fraudem id fecerunt renoveri eos oportere.* (L. 3, § 13, Dig., liv. xxvi, t. x.)

elle était nécessaire ou utile aux intérêts du pupille (1),
ne l'était plus quand il avait négligé de gérer la tutelle (2).

Et cela était une conséquence forcée de cette règle que
le tuteur n'avait, pour les actes de sa gestion, aucun recours à exercer contre le pupille. Il eût été, en effet, fort
inique de contraindre le tuteur à compromettre sa propre
fortune sans espoir d'en être indemnisé par le pupille à la
fin de la tutelle.

Mais pour examiner ici la responsabilité du tuteur, nous
nous plaçons à l'époque où le tuteur est obligé de gérer (3)
et où réciproquement un recours lui est accordé contre
le pupille au moyen de l'action *tutelæ contraria* (4).

L'action *directa tutelæ* était donnée au pupille à la fin de
la tutelle contre le tuteur pour lui permettre de se faire
indemniser de la mauvaise gestion de ce tuteur. Celui-ci
devait, à cette époque rendre ses comptes. Par l'action de
tutelle le pupille ou ses héritiers obligeaient le tuteur à
fournir l'inventaire qu'il avait dû dresser ainsi que tous
registres qu'il avait pu tenir à l'occasion de la tutelle.

En un mot, les comptes à rendre embrassent l'ensemble
de ce qui a été ou dû être géré et de plus *ea quæ connexa
sunt tutelæ*. (L. 13, Dig. liv. xxxvii, t. iii.)

(1) *Si tutor pupillo nolit auctor fieri, non debet eum prætor cogere :
primum, quia iniquum est etiamsi non expedit pupillo, auctoritatem
eum præstare : deinde, et si expedit, tutelæ judicio pupillus hanc jactu-
ram consequitur.* (Paul, Dig., liv. xxvi, tit. viii, L. 17.)

(2) *..... Legibus (Julia et Titia) neque de cautione a tutoribus exigenda, rem salvam pupillis fore, neque de compellendis tutoribus ad
tutelæ administrationem quidquam cavebatur.* » (Inst. Just., liv. i, t. xx,
§ 3.)

(3) *Gerere atque administrare tutelam, extra ordinem tutor solet.*
(Ulpien, Dig., L. 1, pr. liv. xxvi, t. vii. — Voir encore L. 1, pr.
liv. xxvii, t. iv.)

(4) *..... Receptum est, ut tutori suo pupillus sine tutoris auctoritate
civiliter obligetur, ex administratione scilicet ; etenim provocandi fuerant
tutores, ut promptius de suo aliquid pro pupillis impendant, dum sciunt,
se recepturos id quod impenderint.* (L. 1, pr. liv. xxv, t. ii.)

Soumis à l'action *directa tutelæ*, le tuteur devait faire connaître l'emploi fait par lui des biens du pupille dont il a pris possession au début de la tutelle ou qui sont échus postérieurement au pupille par succession, donation ou autrement. Il devait encore établir la balance des sommes qu'il pouvait devoir au pupille et de celles qui lui étaient dues par celui-ci, et cela à dater du jour de l'exigibilité. Si le tuteur a employé à son profit personnel des sommes d'argent appartenant au pupille, il est tenu de les rembourser avec les *usuræ legitimæ*, lesquelles courent du jour de l'emploi. (L. 7, § 4, liv. xxvi, t. vii.) Il est à remarquer que les bénéfices que le tuteur a pu faire de cette manière lui resteront. (L. 47, § 6, *eod. tit.*)

L'action de tutelle est perpétuelle et absorbe toutes les autres actions ordinaires appartenant au pupille et pouvant s'éteindre par le temps. Si, par exemple, nous supposons que le pupille, étant créancier *usque ad tempus*, le délai s'écoule pendant la tutelle, le pupille pourra réclamer à quelque époque que ce soit par l'action de tutelle à son tuteur la somme dont il était créancier contre un tiers et dont le tuteur est en faute de n'avoir pas opéré le recouvrement.

Une importante question à résoudre est celle de savoir si le tuteur romain n'est responsable que de son dol ou de sa faute lourde (1), ou s'il faut se montrer plus sévère. Nous savons que le tuteur doit gérer comme un *paterfamilias*. Voici le principe posé par Callistrate : *A tutoribus pupillorum eadem diligentia exigenda est circa administrationem rerum pupillarium quam paterfamilias rebus suis ex bona fide præbere debet.* (L. 33. pr. Dig., liv. xxvi, t. vii.)

(1) La faute lourde est très généralement considérée par les jurisconsultes comme synonyme du dol. (Voyez la loi 108, § 12, liv. i, t. xxx, Dig., et la loi 32, pr. liv. xvi, t. iii. Cette dernière loi, qui est de Celse, commence ainsi : *Quod nerva diceret, latiorem culpam dolum esse, Proculo displicebat, mihi verissimum videtur.*)

D'après ce texte, le tuteur répondrait de sa faute légère et de sa faute lourde *in abstracto.* La loi 20, au Code, liv. ii, t. xix, donne la même solution et oppose ici le gérant d'affaires, tenu même de sa *culpa levior*, au tuteur qui n'est tenu que de son dol et de sa *lata culpa.* Ulpien est d'avis que la responsabilité du tuteur doit s'apprécier *in concreto*, d'après la diligence qu'il apporte personnellement dans ses propres affaires : *In omnibus quæ fecit tutor, cum facere non deberet, item in his quæ non fecit, rationem reddet hoc judicio : præstando dolum culpam, et quantam in suis rebus diligentiam.* (Dig., L. 1, pr. liv. xxvii, t. iii.) Contrairement à ce qui a lieu pour un *negotiorum gestor* qui s'est volontairement chargé de la gestion d'une affaire, il semble que cette opinion d'Ulpien serait préférable pour le tuteur dont la gestion est forcée et gratuite, mais nous ne pouvons nous y tenir, parce que dans un autre texte Ulpien enseigne l'opinion contraire. (L. 10, liv. xxvi, t. vii.)

Nous avons, en étudiant les obligations spéciales imposées au tuteur, rencontré par là même de nombreux exemples de fautes que le tuteur pourrait commettre. Ainsi le tuteur a-t-il autorisé le pupille à se dépouiller par acte gratuit ou a-t-il fait lui-même cet acte gratuit, l'acte est nul et il y a lieu à l'action *tutelæ*, excepté toutefois dans les cas où, par exception, ce genre d'actes est permis, car alors c'est pour ne pas les avoir faits que le tuteur serait poursuivable (1).

Lorsque les débiteurs sont solvables à la fin de la tutelle le tuteur est à l'abri de l'action *tutelæ* à raison des créances qu'il aurait créées ou approuvées, ou bien encore qu'il n'aurait pas exigées. En effet il n'y a aucune faute à lui reprocher.

Le pupille a de plus l'action de *rationibus distrahendis*

____

(1) L. 1, § 2, liv. xxvii, t. iii.

pour se faire indemniser de ce que le tuteur a soustrait ou
détourné dans les comptes qu'il a rendus. Cette action lui
est donnée en ces termes par la loi des XII Tables : *Si tutor
dolo malo gerat, vituperato, quandoque finita tutela erit,
furtum duplione luito.*

Comme l'action *furti*, l'action *de distrahendis rationibus*
se donne au double, mais elle diffère de *l'actio furti* en ce
que dans cette dernière action ce qui a été payé par un
voleur ne libère pas les autres, car *actio furti meram pœnam persequitur.*

Si le tuteur a détourné une chose du pupille *cum animo
furandi*, il y a lieu à *l'actio furti*, laquelle ne se confond
pas avec l'action *de distrahendis rationibus.* La première
est pénale : par la seconde, le pupille obtient la chose ou
sa valeur (1).

Le pupille pourrait encore intenter la *condictio furtiva*
pour obtenir ce qui lui a été soustrait, mais alors l'action *de distrahendis rationibus* s'éteint, *quia nihil absit
pupillo.* (L. 2, § 1, liv. xxvii. t. iii.) La *condictio furtiva*
a en effet procuré la chose au pupille et *l'actio furti*, la
peine.

La caution *rem pupilli salvam fore*, fournie avec l'adjonction de fidéjusseurs, donne au pupille contre ceux-ci
l'action *ex stipulatu.* Cette action se combine avec l'action
tutelæ qui peut néanmoins s'exercer contre le tuteur. Mais
elle en diffère en ce qu'elle n'est pas infamante et ne
donne pas de privilége au pupille. Le pupille a encore
contre les magistrats municipaux une action *subsidiaria*,
après que l'insolvabilité du tuteur et des fidéjusseurs a
été constatée (2). Il faut, pour qu'elle s'exerce, que les

(1) *Nec cadem est obligatio furti ac tutelæ; ut quis dicat plures esse
actionis ejusdem facti sed plures obligationis; nam et tutelæ et furti
obligatur.* (Ulpien, Dig., L. 1, liv, xxvi, t. iii.)

(2) L. 4, au Code, liv. v, t. lxxv.

magistrats aient manqué à leur obligation d'exiger des
cautions solvables (1).

Enfin nous rappellerons ici que, d'après l'édit du préteur,
le pupille lésé par un acte fait valablement pouvait recourir à l'*in integrum restitutio*. Mais c'était là une garantie suprême qui ne pouvait être exercée qu'en dernier lieu
à défaut de tout autre moyen de droit, et qui supposait nécessairement une lésion.

(1) Inst. Just., t. xxiv, § 2, liv. i; L. 5, au Code, liv. v, t. lxxv.

Jusqu'ici nous nous sommes placés dans l'hypothèse où la tutelle appartient à une seule personne. Nous devons examiner, au moins brièvement, le cas très fréquent à Rome où la tutelle est aux mains de plusieurs.

De ce que la tutelle est déférée à plusieurs personnes, il ne s'ensuit pas que l'administration appartienne également à toutes, et il est au contraire très avantageux au pupille que parmi les tuteurs un seul ait le droit de gérer la tutelle. Quand il s'agit de tuteurs testamentaires et que le testateur a désigné celui d'entre eux qui devrait seul gérer, il n'y a point de difficulté et le préteur se borne à confirmer le choix qui a été fait (1), s'il n'est pas évidemment mauvais (2). Si aucun choix n'a été fait par le testateur, le préteur doit éviter que l'administration tombe entre les mains de plusieurs tuteurs, et *causa cognita* il en désigne un auquel cette administration sera confiée ; *sane enim facilius unus tutor et actiones exercet et excipit; ne per multos tutela spargatur.* Toutefois le magistrat ne désigne directement le tuteur gérant qu'à défaut d'entente sur ce choix entre les cotuteurs qui doivent être convoqués pour élire l'un d'entre eux à la majorité des voix. D'ailleurs les cotuteurs ne sont pas obligés d'attribuer exclusivement à l'un d'eux le pouvoir d'administrer, ils peuvent se le divi-

(1) *Si parens vel pater qui in potestate habet, destinaverit testamento, quis tutorum tutelam gerat, illum debere gerere prætor putavit : meritoque parentis statur voluntati, qui utique recte filio prospexit : tantumdem prætor facit et de his, quos parens destinavit testamento, ipse autem confirmavit : ut, si parens declaravit, quem velit tutelam administrare, ille solus administret.* (Dig., L. 3, § 1, liv. xxvi, t. vii.)

(2) L. 3, § 3, eod.

ser ou même le conserver indivisément. (L. 3, §§ 6, 7, 8, 9, liv. xxvi, t. vii.)

Il y a donc trois cas prévus par les textes : ou l'administration appartient à un seul tuteur désigné, soit par le testateur, soit par ses collègues, soit par le magistrat; ou elle appartient à tous *pro parte*, ou enfin elle leur appartient indivisément. Nous avons à rechercher dans chacune de ces hypothèses la part d'autorité et de responsabilité qui incombe à chacun.

Sur le premier cas, où la tutelle est confiée à un seul tuteur, voici ce que nous dit la loi 3, § 2 (*loc. cit.*) : *Cæteri tutores non administrabunt : sed erunt hi, quos vulgo honorarios appellamus : nec quisquam putet, ad hos periculum nullum redundare : constat enim, hos quoque, excussis prius facultatibus ejus qui gesserit, conveniri oportere : dati sunt enim, quasi observatores actus ejus et custodes : imputabiturque eis quandoque, cur, si male eum conversari videbant, suspectum eum non fecerunt. Adsidue igitur et rationem ab eo exigere eos oportet, et sollicite curare, qualiter conversetur : et si pecunia sit quæ deponi possit, curare, ut deponatur ad prædiorum comparationem : blandiuntur enim sibi, putant, honorarios tutores omnino non teneri : tenentur enim secundum ea quæ supra ostendimus.* De ce texte il résulte que les tuteurs étrangers à l'administration n'en restent pas moins responsables des actes du tuteur gérant qu'ils doivent surveiller et auquel ils doivent demander régulièrement des comptes pour leur propre garantie. Toutefois ils jouissent du bénéfice de discussion et ne peuvent être attaqués que subsidiairement, *excussis prius facultatibus ejus qui gesserit.*

Les tuteurs qui ne gèrent pas n'ont pas qualité pour fournir *l'auctoritas* au pupille dans les actes d'administration (1), mais ils peuvent valablement recevoir un paie-

______

(1) C'est ce que décide Pomponius (L. 4, liv. xxvi, t. vii) pour le

ment (1), et leur intervention est même légitime quand il s'agit de donner au pupille l'*auctoritas* pour lui permettre de faire une adition d'hérédité : *pupillum, etiam eo tutore auctore, qui tutelam non gerat, hereditatem adeundo obligari ait.* (L. 49, liv. xxix, t. ii.)

Lorsque la tutelle a été divisée entre les tuteurs, *vel in partes, vel in regiones,* par le testateur ou le magistrat (2), la responsabilité de chacun d'eux est limitée à la portion de biens qu'il administre ou à l'étendue du territoire dans lequel il exerce intégralement la tutelle. (L. 4, liv. xxvi, t. vii.) *Unumquemque pro sua administratione convenire potest (pupillus),* dit encore la loi 2 au Code, liv. v, t. lii ; mais elle ajoute cette exception : *nisi per dolum aut culpam suspectum non removerunt, vel tarde suspicionis rationem moverunt, cum alter eorum non solvendo effectus sit, vel suspicionis causam agendo sua sponte jura pupilli prodiderunt.*

La responsabilité du tuteur est la contre-partie de ses pouvoirs. Il résulte donc nécessairement de la limite posée à la responsabilité de chacun des tuteurs entre qui l'administration de la tutelle a été divisée que leurs droits ne s'étendent pas au delà de la portion de biens ou de territoire qui leur a été assignée et que tout acte fait en dehors de ces termes n'aurait aucune valeur : *necesse est singulos pro suis partibus vel regionibus auctoritatem pupillo præstare.* (L. 5 au Code, liv. v, t. lix.)

Enfin, il peut arriver que l'administration reste indivise

cas d'une vente faite par le pupille muni de l'*auctoritas* d'un tuteur *non gerens.*

(1) L. 14, § 1, liv. xlvi, t. iii.

(2) Nous évitons à dessein de parler du cas où ce sont les tuteurs eux-mêmes qui se sont partagé l'administration. Car alors ils sont censés gérer tous indivisément, et : *non prohibetur adolescens unum ex his in solidum convenire, ita ut actiones quas adversus alias habet ad electum transferat.* (L. 2, *in fine,* au Code, liv. v, t. lii.)

entre les mains de plusieurs tuteurs. Chaque tuteur dans ce cas a le pouvoir intégral d'administration et peut l'exercer spontanément sans recourir à l'avis de ses cotuteurs. Toutefois nous n'entendons ce principe d'une manière absolue qu'en tant qu'il s'applique à la *negotiorum gestio*, car, avant Justinien, l'*auctoritas* devait émaner de tous les tuteurs réunis, à moins qu'il s'agit de tuteurs testamentaires ou nommés *ex inquisitione*, parce qu'alors les garanties que donnait le choix de ces tuteurs faisaient supposer que l'*auctoritas* fournie par l'un quelconque d'entre eux serait toujours suffisamment éclairée. (L. 5, pr. au Code, liv. v, t. LIX.) Après Justinien, une exception nécessaire devait être faite à la nouvelle règle que l'*auctoritas*, comme la *negotiorum gestio*, pouvait émaner d'un seul des tuteurs gérant indivisément. *Hæc omnia ita accipienda sunt*, nous dit la loi 5 (*loc. cit.*), *si non res quæ agitur, solutionem faciat ipsius tutelæ : utputa si pupillus in adrogationem se dare desiderat. Etenim absurdum est solvi tutelam non consentiente, sed forsitan ignorante eo, qui tutor fuerit ordinatus : tunc etenim.... necesse est omnes suam auctoritatem præstare : ut quod omnes similiter tangit, ab omnibus comprobetur.*

Quand les tuteurs gèrent indivisément, chacun d'eux est responsable des actes faits par les autres. Mais il peut exiger que le pupille qui le poursuit mette en cause ceux de ses cotuteurs qui sont solvables et divise son action contre chacun d'eux, comme cela a lieu pour les fidéjusseurs. De plus, pour mieux assurer son recours contre ses cotuteurs, lorsque, par suite de leur insolvabilité, il ne peut être garanti par cette division d'action, on lui accorde à titre d'action utile l'action qui appartenait au pupille et que celui-ci a exercée contre lui. (L. 1, §§ 10, 11, 12 et 13, liv. xxvii, t. III.)

DES FONCTIONS DU TUTEUR

ET DU GARDIEN

EN DROIT COUTUMIER

L'influence que l'âge exerce sur la capacité juridique tient à la nature même des choses, et dès lors doit avoir été toujours reconnue sous les différentes législations qui se sont succédé jusqu'à notre droit actuel. Mais il s'en faut que l'âge de la majorité admis par notre Code civil, et si différent de celui que fixait le droit romain, se soit trouvé, sans transition, être le même à toutes les époques.

Plus nous remontons dans l'histoire de notre législation, en nous rapprochant du droit romain, plus la limitation de l'état de minorité ressemble à celle qu'avait établie ce droit, en y comprenant plusieurs époques successives.

Ainsi, chez les Francs, à douze ou quinze ans, suivant le sexe, il y avait une sorte de capacité incomplète, ressemblant fort à la condition de l'enfant qui, à Rome, avait atteint l'âge de puberté. De même, du neuvième au treizième siècle, entre l'époque franque et le commencement de la féodalité, nous lisons dans les *Assises de Jérusalem*, qu'une exception est faite à l'incapacité absolue de l'enfant dès qu'il a atteint l'âge de quinze ans, si c'est un garçon ; de douze, si c'est une fille : l'un et l'autre peuvent à cet âge faire leur testament et affranchir directement leurs serfs.

Au treizième siècle s'ajoute à l'âge un autre élément d'incapacité. Les nécessités politiques de la féodalité veulent que l'on considère la condition des biens pour déterminer la capacité de celui qui les possède. Selon que ces biens seront nobles ou roturiers, c'est-à-dire engagés ou non dans les rapports féodaux, leur propriétaire sera capable de les administrer plus tôt ou plus tard. Il y a donc deux majorités bien différentes, l'une civile, maintenue à douze ou quinze ans pour les biens roturiers, l'autre féodale, reculée, suivant les seigneuries, à dix-huit ou vingt ans, et communément à ce dernier âge. Jusque-là en effet le vassal propriétaire du fief n'est point encore capable d'en faire le service.

Jusqu'à la majorité civile le pouvoir de protection accordé à l'incapable résidait en la personne d'un tuteur. Quant à ceux auxquels s'applique la minorité féodale, ils étaient soumis à un autre pouvoir, établi dans un but à la fois politique et protecteur et qu'on appelait la *garde*.

Nous devons ajouter au quatorzième siècle, où domine l'influence du droit romain, une troisième période d'incapacité comprenant le temps qui s'écoule entre la majorité civile ou féodale et l'âge de vingt-cinq ans, époque de pleine capacité pour les deux sexes, qui met fin à la curatelle par laquelle avait été remplacée, plutôt nominalement que pratiquement, la tutelle à l'époque de la simple majorité civile.

Peu à peu nous voyons la tutelle changer de nature et de caractère. Sa durée augmente, mais d'autre part elle se trouve restreinte quant à sa puissance. La distinction faite à Rome entre l'impubère et le mineur de vingt-cinq ans n'existe plus. La tutelle ou la curatelle, pouvoirs identiques, comme nous venons de l'indiquer, sous des noms différents, durent jusqu'à la majorité de l'enfant dont l'âge d'incapacité varie, selon les lieux et les temps, jusqu'à ce que notre Code civil le fixe à vingt et un ans révolus. Le tuteur n'est plus indépendant comme à Rome, et, sans qu'on puisse préciser l'époque à laquelle ces changements survinrent, nous le voyons soumis à un contrôle de plus en plus sévère ; une assemblée de parents qui deviendra notre conseil de famille, le juge qui sera remplacé par un su-brogé-tuteur, surveillent sa gestion et protégent ainsi les intérêts du mineur. D'autre part, l'efficacité de ce contrôle fait disparaître la nécessité peu pratique d'ailleurs de l'in-tervention personnelle du mineur. Ainsi guidé, le tuteur peut agir directement au nom du mineur et le représenter dans presque tous les actes civils, et l'avantage considé-rable de ce système est que désormais les conséquences actives et passives des actes juridiques accomplis par le tuteur se fixeront dans la personne même du mineur, comme si celui-ci avait agi lui-même.

Telles sont les modifications que subit la tutelle dans notre ancien droit. Elles furent lentes à s'établir et l'obsta-cle venait des pays de droit écrit où le système romain avec ses complications et son formalisme prévalut long-temps. Notre organisation tutélaire actuelle est l'œuvre de notre droit coutumier. Avant de l'étudier telle qu'elle nous apparaît dans notre Code civil, comme une institution éta-blie et suivie dans toute l'étendue de notre pays, nous de-vons nous arrêter un instant à la considérer à l'époque de transition, dans le dernier état de notre ancien droit cou-tumier, au point de vue spécial des fonctions de son prin-cipal agent, qui est le sujet de ce travail. Cet agent est le tuteur, mais en la personne même de ce tuteur ou à côté de lui pouvait résider un pouvoir tout particulier à notre ancien droit et qui s'appelle la *garde*. Nous avons donc à dire quelques mots des fonctions du tuteur d'abord, puis de celles du gardien.

Le tuteur dans notre ancien droit était soumis, avant son entrée en fonctions, à certaines obligations spéciales qui avaient pour but d'assurer au mineur une bonne gestion de son patrimoine. Le tuteur devait prêter serment de bien et fidèlement administrer la tutelle ; il devait en outre faire faire un inventaire.

Dans les pays de droit écrit il devait également déclarer s'il était créancier du mineur, sous peine de perdre sa créance. Mais dans la plupart des Coutumes le tuteur n'était pas obligé de donner caution, et les parents qui avaient donné leur avis, le juge qui avait nommé le tuteur, n'é-taient pas responsables de son administration. Toutefois il en était autrement dans quelques Coutumes, et notamment dans celles de Bretagne (art. 484, 502, 503), et de Normandie (règlement du 16 mars 1673).

Après avoir fait l'inventaire, le tuteur devait faire vendre les meubles aux enchères (ordonnance d'Orléans, art. 502), excepté ceux que l'assemblée des parents serait d'avis de conserver. Si le tuteur manquait à cette obligation, il payait le prix d'estimation porté par l'inventaire, augmenté d'une crue d'un cinquième.

Six mois après la vente des meubles, le tuteur doit faire emploi, en acquisition d'héritages ou en constitution de rente, des deniers conservés en espèces, et de ceux qui proviennent de ses économies ou du remboursement des créances appartenant au mineur.

Toutefois cet emploi ne lui est imposé que lorsque les deniers atteignent une somme assez importante pour qu'on puisse dire qu'il garde entre ses mains des capitaux oisifs.

Le tuteur peut passer bail des biens du mineur, mais dans les pays de droit écrit, ainsi que dans la Coutume de Normandie, il ne peut le faire qu'en justice, après trois pu-blications aux prônes des paroisses.

Les réparations à faire rentrent aussi dans l'administration du tuteur, mais quelque minimes qu'elles soient, elles doivent être autorisées par le juge qui ordonne une enquête et fixe la somme que les réparations ne pourront dépasser.

La vente des immeubles du mineur n'est permise au tuteur qu'en cas d'absolue nécessité ; elle doit être autorisée par le juge sur un avis de parents, faite en justice et aux enchères, après affiches et publications.

Le tuteur n'a pas autorité seulement sur les biens du pupille, mais encore sur sa personne physique et morale : il doit le nourrir, l'entretenir, suivant sa condition, et prendre soin de son éducation ; le mineur ne peut contracter mariage sans son assentiment.

Le mineur ne peut ni contracter, ni paraître en justice sans l'autorisation du tuteur ; c'est celui-ci qui intente les actions, c'est contre lui qu'on les dirige ; mais les contrats que le mineur passe sans l'autorisation du tuteur sont valables lorsqu'ils lui sont avantageux.

Après la tutelle, le tuteur doit au mineur un compte exact de sa gestion ; il doit justifier de l'emploi des deniers provenus, soit de la vente des meubles, soit du recouvrement des créances, soit du revenu des immeubles, soit des économies qu'il a pu faire ou de toute autre cause. Le tuteur peut réclamer également au mineur les avances qu'il a faites pour lui. Le mineur a une hypothèque tacite et légale sur les biens du tuteur pour tout ce qui peut lui être dû à raison de sa gestion. Le tuteur n'a pas en principe une semblable hypothèque sur les biens du mineur ; toutefois il en est autrement dans les Parlements de droit écrit et dans la Coutume de Normandie.

Le droit de *garde noble* variait beaucoup suivant les Coutumes. On peut toutefois le définir avec Pothier : « Le droit que la loi municipale accorde au survivant de deux conjoints nobles de percevoir à son profit le revenu des biens que les enfants mineurs ont eus de la succession du prédécédé, jusqu'à ce qu'ils aient atteint un certain âge, sous certaines charges qu'elles lui imposent, et en récompense de l'éducation desdits enfants qu'elle lui confie. »

Quelques Coutumes étendent le droit de garde noble, quant aux personnes, subsidiairement aux aïeuls et aïeules des mineurs, même aux autres ascendants, et plus encore, jusqu'à leurs collatéraux. D'autres Coutumes étendent le droit de garde noble en accordant aux gardiens, outre le revenu des immeubles, la propriété des meubles (Coutume d'Orléans) ; mais il en est qui restreignent au contraire ce droit au revenu des seuls immeubles ; quelques-unes au revenu des seuls biens féodaux.

Outre la garde noble, plusieurs Coutumes reconnaissent une *garde bourgeoise* ; mais sous ce nom il faut entendre une simple tutelle ne donnant pas au gardien des pouvoirs spéciaux, ni ne le soumettant à d'autres obligations qu'à celles que nous avons indiquées plus haut. A Paris toutefois, il y avait un certain droit de bourgeoisie qui constituait une sorte de noblesse. La garde bourgeoise y a donc un sens spécial, et elle ne diffère de la garde noble que par sa durée qui est plus courte et par l'obligation imposée au gardien bourgeois de donner caution.

Comme le tuteur le gardien a deux fonctions distinctes : 1° prendre soin de la personne du mineur et veiller à son éducation ; 2° administrer ses biens.

La tutelle et la garde sont dans certaines Coutumes réunies sur la même tête, soit de plein droit, soit par suite d'une nomination spéciale et sur l'avis des parents du mineur. Il y a donc des Coutumes où l'on donne un tuteur aux mineurs qui tombent en garde, pour tout ce qui ne rentre pas dans les attributions du gardien, et, par exemple, pour l'exercice des actions relatives à la propriété des biens des mineurs et pour la défense à ces mêmes actions.

Avant d'examiner les fonctions du gardien, nous dévons, suivant l'ordre indiqué par Pothier, déterminer brièvement quels sont, suivant les diverses Coutumes, les biens auxquels son pouvoir s'applique et quels sont les droits dont il jouit sur ces biens.

Dans les Coutumes de Paris et d'Orléans, les seuls biens soumis à la garde sont ceux qui proviennent de la succession du prémourant des père et mère des mineurs. Tous autres biens dépendent de la tutelle, et dans la Coutume d'Orléans, où de plein droit les qualités de gardien et de tuteur sont réunies, cette distinction a encore cet intérêt pratique que le gardien, n'ayant l'administration de ces biens que comme tuteur, doit au mineur les revenus et intérêts qu'ils peuvent produire. Certaines Coutumes restreignent le droit de garde noble aux seuls biens féodaux.

Le gardien a en général le droit de profiter personnellement de tous les fruits des immeubles, nobles ou non nobles, qui font partie de la succession du prémourant des père et mère, et c'est là une sorte de dédommagement qui lui est accordé en retour des soins de son administration.

Quant aux meubles, dans la plupart des Coutumes, le gardien n'en a que l'administration ; dans la Coutume de Paris, par exemple. Au contraire, dans quelques autres, le gardien en est propriétaire avec dispense d'en rendre compte à la fin de la garde. Enfin il est quelques Coutumes où le gardien n'a même pas sur les meubles le simple pouvoir d'administration, qui se trouve dès lors appartenir au tuteur.

Dans les Coutumes qui n'accordent au gardien sur les meubles qu'un pouvoir d'administration, et parmi lesquelles se trouve la Coutume de Paris, la première obligation du gardien est d'en faire un inventaire. S'il manque d'y satisfaire, les mineurs pourront demander que la communauté continue entre eux et le survivant, de telle sorte que tout ce que celui-ci pourra acquérir tombe dans cette communauté sans qu'ils soient obligés d'y faire entrer ce qu'ils acquerront eux-mêmes. Si les mineurs négligent d'invoquer cette faveur, le juge estimera, au moment du compte, la valeur des meubles que l'inventaire aurait dû constater, et cette valeur leur sera attribuée. D'ailleurs, pendant la garde, le tuteur ou les parents des mineurs peuvent contraindre le gardien à procéder à l'inventaire.

Indépendamment de l'inventaire, le gardien doit faire vendre les meubles aux enchères : sinon il doit aux mineurs, outre l'estimation faite dans l'inventaire, une crue d'un quart en sus.

En principe, le gardien noble n'est pas soumis à l'obligation de fournir caution. Toutefois la femme survivante noble et remariée en est tenue, sous peine d'être écartée de la garde, ainsi que son second mari ; mais c'est là le seul cas exceptionnel dans la garde noble. Au contraire, celui qui a la garde bourgeoise est toujours obligé de donner caution avant d'entrer en fonctions et le tuteur doit veiller à ce qu'il ne laisse pas passer le délai qui lui est fixé par le juge.

C'est au gardien qu'est imposée l'obligation de veiller à l'entretien et à l'éducation du mineur et de faire toutes les dépenses qu'un tel soin comporte. Ces dépenses doivent être supportées par lui définitivement, car il doit trouver les sommes nécessaires pour y faire face dans les revenus du mineur qu'il s'approprie et dont il ne doit profiter personnellement que s'ils excèdent les frais d'entretien et d'éducation conformes à la situation du mineur. Dans le cas où le gardien manquerait à ce devoir, le tuteur chargé de le surveiller, ou, s'il est lui-même tuteur, les parents les plus rapprochés du mineur, pourront le faire condamner à y satisfaire. S'il persévérait dans sa mauvaise foi, les revenus du mineur pourraient être saisis entre ses mains et la garde pourrait lui être retirée.

Nous venons de voir que l'entretien de la personne du mineur était une charge de la garde : il en est de même de l'entretien de son patrimoine. Les frais de réparation et de conservation des biens du mineur sont à la charge du gardien dont les obligations, à ce point de vue, sont renfermées dans cette limite équitable qu'il ne peut être tenu que de rendre les biens dans l'état où il les a pris et qu'il n'est pas dès lors responsable des détériorations survenues avant la garde. Toutefois nous pensons avec Pothier que cette solution est trop favorable au gardien dans les Coutumes qui lui accordent, avec le revenu des immeubles, la propriété de tous les meubles, car ceux-ci devraient, avant de profiter au gardien, être employés par lui à faire sur les biens du mineur les réparations qui se trouvaient urgentes à l'époque où la garde a commencé.

De ce que les dépenses d'entretien et de conservation des biens du mineur sont à la charge du gardien, il faut conclure que c'est lui qui devra supporter les frais causés par les procès qu'il a fallu soutenir pour que les biens pussent être conservés.

Toutes les dettes mobilières doivent être acquittées par le gardien, car c'est là une charge des revenus qu'il acquiert en totalité, et cette obligation est imposée même par les Coutumes qui, comme celle de Paris, ne donnent pas au gardien la propriété des meubles. Mais dans ces Coutumes l'obligation d'acquitter les dettes mobilières est moins étendue que dans les autres.

Cette même distinction entre les Coutumes qui accordent au gardien et celles qui lui refusent la propriété des meubles a fait hésiter sur le point de savoir si, dans ces dernières, le gardien serait tenu d'acquitter les frais funéraires du prémourant des deux conjoints par le décès duquel la garde a pris naissance. La Coutume de Paris est une des Coutumes qui n'accordent au gardien que la jouissance des revenus du mineur. Cependant on a décidé, d'après son article 267, que le gardien était tenu d'acquitter les frais funéraires, parce que la Coutume le charge de payer les *dettes* du mineur et que les frais funéraires font partie de ces dettes comprises dans la succession du prédécédé. La même raison s'applique aux legs mobiliers, et le gardien est tenu de les acquitter.

Des différentes dettes que nous venons d'énumérer, le gardien est en général tenu *ultra vires*, au delà de la valeur des biens qui lui sont attribués, en qualité de gardien, comme une indemnité pour son administration, parce que dans le plus grand nombre des Coutumes la garde a le caractère d'un marché à forfait. Mais il y a quelques Coutumes qui n'obligent le gardien à acquitter les dettes et charges que jusqu'à concurrence des biens du mineur qu'il a reçus.

Le gardien majeur n'est jamais restituable contre l'acceptation de la garde, lorsque par la suite il découvre des dettes mobilières qui n'étaient pas prévues lors de son acceptation. En est-il de même du gardien mineur ? Certains auteurs le pensent. Mais il nous semble plus juste de nous ranger à l'avis de Pothier qui rappelle ce principe que les mineurs sont toujours restituables contre les actes désavantageux qu'ils ont accomplis par défaut d'expérience.

DES FONCTIONS DU TUTEUR

EN DROIT FRANÇAIS

CHAPITRE PREMIER.

Généralités.

L'institution de la tutelle devait être conservée dans notre droit moderne; elle répond à des nécessités qui s'imposent toujours et partout; il ne saurait exister de législation qui n'organise un pouvoir de protection destinée à sauvegarder les intérêts des faibles et des incapables.

Nous ne connaissons plus, dans notre droit, la tutelle des femmes; nous avons vu qu'elle était déjà tombée en désuétude dans le dernier état du droit romain; nous n'avons conservé que la nécessité d'une autorisation pour les femmes mariées. C'est pour les mineurs que la tutelle, établie dès l'origine du droit romain, s'est perpétuée sans jamais disparaître; nous avons eu à constater que, dans notre ancien droit, la tutelle s'était étendue au delà de l'époque de la puberté; elle est organisée dans notre droit actuel jusqu'à l'époque de la majorité fixée à vingt et un ans (art. 388), à moins d'émancipation.

Une innovation de notre droit moderne, en matière de tutelle, a été d'en appliquer le système aux interdits pour cause de démence, d'imbécillité ou de fureur. En droit romain, dans notre ancienne jurisprudence, on les avait considérés comme pleinement capables dans leurs intervalles lucides, et pour les moments de folie on leur avait adjoint un curateur. Le Code a voulu conserver un système de protection plus complète, plus efficace ; il n'a plus admis de capacité pleine et entière dans les intervalles lucides ; et il a appliqué d'une manière générale à l'interdit toutes les règles de la tutelle par la disposition de l'article 509. Cet article assimile même, d'une manière complète, la tutelle des interdits à celle des mineurs ; il y a là quelque inexactitude ; des différences inévitables pourraient être relevées. Mais toujours est-il que la tutelle des mineurs est certainement dans notre droit le type de toutes les tutelles ; et c'est d'elle avant tout que nous devons nous occuper dans cette étude.

Ici, comme en droit romain, il faut tout d'abord nous rendre compte de la situation légale faite au mineur, pour mieux comprendre les principes qui servent à régler les fonctions de la tutelle. Ne doivent-elles pas, en effet, dans toute bonne législation, s'adapter exactement à l'incapacité à laquelle elles ont pour but de subvenir ?

Le mineur est incapable. Chez nous, comme à Rome, il y a à distinguer une période, où le discernement lui manque complétement, d'une période où sa volonté existe, où elle suffit à former un contrat, mais où sa capacité n'est pas encore assez solidement établie pour le lier comme un majeur.

La première période correspond à l'*infantia* des Romains ; elle n'a pas dans notre droit de limites déterminées. Pour un acte passé par un enfant, même au delà de sept années, les juges auraient à examiner, en fait, si l'enfant avait ou non le discernement, pour décider si l'acte doit être considéré comme absolument nul ou seulement comme annulable.

Dans la seconde période, quand l'âge du discernement est atteint, l'acte passé par le mineur n'est plus absolument nul ; il tient en principe ; il peut être annulé à la demande du mineur seul (art. 1125), car la nullité n'est que relative ; il faut qu'aucune confirmation ne soit survenue, car l'acte, n'étant plus absolument nul, a pu être confirmé ; il faut enfin que le mineur n'ait pas laissé écouler plus de dix ans depuis sa majorité ; car le silence prolongé pendant ce délai entraînerait prescription de l'action en nullité, et vaudrait, aux yeux de la loi, confirmation tacite.

Non-seulement l'acte n'est qu'annulable, mais il faut même décider qu'en principe l'acte ne pourrait être annulé sur la demande du mineur qu'à la condition de prouver qu'une lésion est directement résultée pour lui de cet acte. Tout préjudice, survenu postérieurement par suite de cas fortuits ou imprévus, ne pourrait servir de prétexte à une action en nullité. C'est ce que décide formellement l'article 1306 (1). C'est là, il est vrai, un point gravement discuté ; il est des auteurs considérables qui ont soutenu que l'acte du mineur pourrait être attaqué pour incapacité seule et sans qu'il fût besoin d'invoquer ni d'établir la lésion ; que le droit, reconnu dans l'article 1305, d'attaquer des actes concernant le mineur pour simple lésion, s'appliquait aux actes du tuteur. Il ne peut entrer dans le plan de ce travail de discuter cette question qui n'a pas trait précisément aux fonctions du tuteur, nous le retrouverons plus loin, du moins dans l'une de ses parties. Le système que nous adoptons, et qui seul donne vraiment l'explication du texte des articles 1305 et suivants, est du reste le système de beaucoup le plus suivi et destiné certainement à triompher.

(1) Nous parlons ici en général ; il est toutefois des actes qui seraient annulables sans qu'il fût besoin de prouver la lésion ; ceux pour lesquels des formalités sont exigées pour le tuteur lui-même. Mais ceci supposerait connu et exposé le système même de la tutelle.

Voici donc exposée dans ses principaux traits l'incapacité du mineur en droit français. Tant qu'il n'a aucun discernement, nullité absolue de tous ses actes par défaut de consentement; quand il a atteint l'âge de la volonté, annulation possible de tous ses actes, s'ils lui ont causé préjudice par défaut de capacité, et nullité toujours relative. — Ce n'est plus absolument le droit romain, où nous trouvons comme règle que l'*impubère* peut rendre seul sa condition meilleure et ne pourrait la rendre pire, et où cette règle s'appliquait même dans les contrats synallagmatiques, la vente. Dans notre droit, le mineur a le choix et seul le choix de maintenir l'acte pour le tout et de le faire tomber, mais aussi pour le tout, quant aux droits qu'il lui confère comme quant aux droits qu'il crée contre lui; c'est bien plutôt un système analogue dans ses effets à celui de la *restitutio in integrum* appliqué par les Romains au mineur de vingt-cinq ans.

Les règles que nous venons de rappeler s'appliquent en principe à tout mineur, elles subissent seulement quelques modifications quant au mineur émancipé, à qui est donnée la capacité de faire certains actes, assez limités du reste, aussi valablement que le pourrait faire un majeur. Elles rendent donc nécessaire l'institution d'un pouvoir de protection pour le gouvernement de leur patrimoine; car si le mineur se trouve en fait garanti contre le préjudice résultant de son inexpérience par ce droit de demander la nullité de tous ses actes, il arriverait, comme en droit romain, que personne n'oserait traiter avec lui dans les conditions les plus loyales, de crainte de voir postérieurement l'acte attaqué. Il serait impossible de passer avec des tiers aucun de ces actes à titre onéreux, bail, vente, etc., qui sont pourtant indispensables pour la gestion de toute fortune. Partout la législation qui consacre ou qui crée une incapacité est obligée d'établir à son aide une institution qui donne le moyen de pourvoir avec sûreté pour tous à l'administration du patrimoine de l'incapable. C'est là une nécessité qui s'imposait dans notre droit comme à Rome.

Il y est satisfait de différentes manières suivant les circonstances. S'agit-il d'un mineur émancipé, il pourra faire valablement par lui-même une partie des actes relatifs à son patrimoine; pour d'autres plus graves, il n'y pourra plus figurer qu'avec l'assistance d'un curateur, avec l'intervention, dans certains cas, du conseil de famille, et l'homologation du tribunal. S'agit-il d'un mineur non émancipé, qui n'a perdu ni son père ni sa mère légitimes, c'est au père qu'est confié le soin de gérer sa fortune, car dans notre droit cet enfant soumis à la puissance paternelle peut avoir une fortune propre. C'est le père qui le représentera dans tous les actes civils. Il a, aux termes de l'article 389, l'administration légale du patrimoine de l'enfant. De graves difficultés s'élèvent pour déterminer d'une manière exacte en quoi diffère de la tutelle cette administration légale, que le législateur n'a malheureusement pas songé à réglementer d'une manière suffisante. Toujours est-il que le père administrateur est dans une position toute différente du tuteur; la loi n'a pas pris contre lui autant de précautions ni de garanties.

C'est de la tutelle seulement que nous avons à traiter; elle suppose un mineur non émancipé qui a perdu ses père et mère ou du moins l'un d'eux. Nous avons dit comment l'incapacité du mineur la rendait nécessaire.

La tutelle dans notre droit français n'est pas organisée d'une manière absolument semblable à la tutelle romaine; on a voulu pourvoir plus sûrement aux intérêts du mineur, et on n'a confié au tuteur que des pouvoirs moins étendus. A Rome, ainsi que nous l'avons vu, le tuteur était chargé seul du soin de la fortune du pupille; il pouvait à lui seul faire tous les actes, concernant le patrimoine du pupille, les plus graves comme les plus simples.

Il n'y avait personne à ses côtés qui eût pour mission de contrôler sa gestion, et dont il eût à demander l'avis; ce n'est que bien plus tard qu'on avait commencé de limiter les pouvoirs du tuteur pour les actes plus dangereux, en exigeant pour les aliénations l'approbation par décret du magistrat. On a senti dans notre droit qu'il y avait péril à laisser, même avec une grave responsabilité, tant de pouvoir aux mains d'un seul, sans contrôle; et de là l'introduction dans le système général de la tutelle de rouages nouveaux destinés à prévenir les inconvénients possibles de la toute-puissance du tuteur; de là l'adjonction d'un subrogé-tuteur (1) chargé de prendre toujours en main les intérêts du mineur contre le tuteur; de là l'institution d'un conseil de famille destiné aussi à contrôler, à surveiller le tuteur, à lui donner des avis ou des autorisations, à intervenir dans tous les actes proposés par le tuteur et qui présentent une certaine gravité; de là enfin, dans certains actes plus compromettants, la nécessité d'une homologation. Ainsi donc le subrogé-tuteur, le conseil de famille, le tribunal : autant de pouvoirs distincts qui ont leur rôle à jouer dans la marche de la tutelle; et nous aurons à faire d'une manière précise la part de chacun.

Mais le tuteur est toujours et de beaucoup le personnage principal; c'est à lui qu'appartient l'initiative; c'est lui qui est vraiment l'agent de la tutelle, qui doit passer tout acte concernant le patrimoine du mineur, sauf à dépendre d'une certaine surveillance et quelquefois de certaines autorisations.

Voici donc d'un côté l'incapacité du mineur et de l'autre l'ensemble du système de la tutelle destinée à y subvenir. Comment va fonctionner cette tutelle pour répondre au but général qui lui est assigné?

(1) Il faut noter pourtant qu'à Rome la pluralité des tuteurs était chose fréquente, et qu'ils devaient ainsi se contrôler les uns les autres.

Par quel procédé le tuteur, qui est étranger au patrimoine du mineur, qui n'a en principe aucun droit sur le patrimoine d'autrui, va-t-il pouvoir intervenir dans les actes juridiques que la gestion réclame? La réponse est bien simple dans notre droit français : le tuteur représentera le mineur, il agira en son nom et les choses se passeront alors comme si le mineur avait agi lui-même, relevé de son incapacité. La loi l'investit de ce pouvoir qui constitue ce qu'on nomme un mandat légal; le tuteur représente donc le mineur comme aujourd'hui tout mandataire représente son mandant. En d'autres termes, la loi a confié au tuteur, pour ainsi dire, la signature du mineur; elle n'a pu laisser à celui-ci, à cause de son inexpérience, la faculté de la compromettre; elle l'a remise aux mains d'un tuteur, responsable d'ailleurs, et entourée de garanties.

Cette représentation du mineur par le tuteur, cette disposition légale, en vertu de laquelle le mineur est censé avoir agi lui-même, et voit reporter sur lui les droits ou les obligations qui résultent des actes du tuteur, se présente à nous comme un mécanisme si simple qu'on semble s'adresser une question oiseuse quand on se demande par quel procédé le tuteur va prendre en main l'administration du bien d'autrui qui lui est confiée. Il ne faut pas oublier pourtant que ces procédés n'étaient pas si simples en droit romain, où l'on n'admettait pas à l'origine l'idée de la représentation d'une personne par une autre, et où les deux procédés que nous avons successivement analysés, l'*interpositio auctoritatis*, et la *negotiorum gestio*, ne laissaient pas que d'entraîner des embarras sérieux, et dans certaines hypothèses des inconvénients irrémédiables. La représentation supprime toutes ces difficultés; elle sera toujours possible, à la différence de l'*auctoritas*, et elle n'obligera jamais le tuteur, mais fera que le pupille sera directement investi des conséquences des actes, à la différence de la *negotiorum gestio*. Peu importe que le pupille soit encore à

l'âge où le discernement fait défaut, ou qu'il l'ait déjà dépassé, qu'il approche même de sa majorité : il sera toujours complétement représenté par son tuteur. On aurait
pu sans doute imaginer un autre système, on aurait pu
exiger qu'à partir de l'âge du discernement, au lieu
d'être entièrement représenté par son tuteur, le pupille devrait figurer lui-même dans les actes qui le concernent et
le tuteur lui donner seulement son assistance, comme cela
se fait toujours pour un mineur émancipé muni d'un curateur. La loi n'a pas établi ces distinctions qui pourraient
entraîner, par suite d'une double participation du pupille
et du tuteur, de graves embarras pratiques. Elle a préféré
la représentation absolue; peu importe donc qu'un pupille de quinze ou vingt ans vienne à figurer lui-même
dans un acte et le signer en personne, comme s'il était
seulement autorisé du tuteur. En réalité l'acte ne vaut que
parce que le tuteur y a consenti et qu'en y figurant comme
autorisant en apparence il a vraiment représenté et remplacé l'incapable.

Ainsi donc le tuteur représente le mineur. Il a, en vertu
de la loi, la disposition de sa signature; mais peut-il disposer toujours seul, sans avoir besoin lui-même d'aucun
avis ? Nous aurons à voir bientôt que, s'il lui appartient
toujours de représenter le mineur, il ne le pourra faire
valablement dans certains cas qu'en remplissant certaines
formalités, en obtenant l'approbation du conseil de famille,
quelquefois, plus encore, l'homologation du tribunal (1).

---

(1) Cette idée de la représentation du mineur par le tuteur est si
générale, qu'il faudrait décider qu'alors même que le tuteur aurait
vendu un immeuble du mineur sans les formalités voulues par la loi,
il n'y aurait pas nullité absolue de la vente, mais seulement nullité
relative au profit du mineur. On ne peut dire en effet que le tuteur
alors, n'ayant plus qualité pour agir, est comme un étranger qui a
vendu la chose d'autrui, ce qui entraînerait l'application de l'article 1599. Il faut dire au contraire que le mineur est censé avoir agi

C'est dans l'article 450 que la loi pose ce principe général de toute la tutelle : *Le tuteur représente le mineur dans tous les actes civils.* Il ne faudrait pourtant pas prendre ce texte trop à la lettre, et dépasser dans son application le but restreint de la tutelle. Il ne s'agit dans la tutelle que d'arriver au gouvernement du patrimoine du pupille ; c'est à ce point de vue que la tutelle est organisée ; ce n'est donc que dans les actes relatifs au patrimoine que le tuteur aura à prendre les lieu et place de son pupille. Mais s'il s'agissait d'autres actes juridiques placés en dehors du droit des biens, comme le mariage, une reconnaissance d'enfant naturel, le tuteur ne pourrait plus ici représenter le mineur qui devrait figurer lui-même.

Il est même des actes se référant au patrimoine pour lesquels le tuteur ne peut agir à la place du mineur, telles sont les conventions matrimoniales, à raison de la règle appliquée dans l'article 1398 : *Habilis ad nuptias, habilis ad pacta nuptialia.* Tel est encore le testament (art. 909), acte essentiellement personnel, que le mineur ne pourra faire du reste qu'à partir de seize ans et dans des limites fixées par la loi. Tel est enfin le contrat d'apprentissage.

Nous avons ainsi donné une idée générale et de la nécessité d'une tutelle, et du procédé au moyen duquel elle fonctionne. Quelles sont maintenant ses attributions ? Nous l'avons dit, il ne s'agit pas de relever d'une manière absolue le mineur de son incapacité, et de faire de son pa-

encore ici par le ministère de son tuteur ; c'est comme s'il avait agi lui-même et en incapable ; et, certes, s'il avait vendu son immeuble, il n'y aurait que nullité relative. Nous ferions seulement une distinction : le tuteur a-t-il vendu l'immeuble comme sien, il n'a plus agi comme représentant du mineur, c'est bien alors vente de la chose d'autrui ; mais s'il a vendu seul, en qualité de tuteur, c'est comme vente faite par le propriétaire incapable. La même distinction est du reste généralement admise aujourd'hui pour la vente d'un immeuble dotal inaliénable que la mère seule a consentie.

trimoine ce qu'il en ferait lui-même s'il était majeur. Il s'agit seulement, comme à Rome, de faire que ce patrimoine ne dépérisse pas, de le conserver, de l'améliorer, s'il est possible, par une bonne gestion, et de le faire fructifier. Il est donc des actes qui ne sauraient être permis à la tutelle, quand bien même tous les pouvoirs qui la constituent se trouveraient unis pour y consentir : telles sont les libéralités. Même avec le consentement du conseil de famille et l'homologation du tribunal, des donations entre-vifs faits au nom du mineur seraient nécessairement nulles. Qu'on attende qu'il soit majeur. Il n'y a donc que les actes à titre onéreux qui peuvent être entrepris ; mais du reste tous les actes à titre onéreux sont possibles, soit en matière judiciaire, soit en matière extrajudiciaire. Le seul point à déterminer, c'est l'intervention du conseil de famille ou l'homologation du tribunal, pour garantir le mineur contre l'imprudence ou l'insouciance du tuteur.

En règle générale, les aliénations d'immeubles, soit par voie de translation complète, soit par voie de constitution d'hypothèque ou de servitudes, exigent l'homologation du tribunal indépendamment de l'autorisation du conseil de famille. Ce sont là, aux yeux de la loi, les actes les plus dangereux, avec les emprunts.

L'autorisation du conseil de famille sera exigée, mais suffira, quand il s'agira d'actes qui, sans comprendre des aliénations d'immeubles, dépassent toutefois les bornes ordinaires de l'administration, ou donnent même à apprécier certaines questions d'ordre moral : telles sont l'exercice des actions immobilières ou des actions en partage, les transferts de rente au delà d'un certain chiffre, les acceptations ou les répudiations de successions, les donations ou legs.

Pour tout le reste le tuteur aura la liberté d'agir seul, sauf à répondre de ses actes dans lesquels il a dû montrer la diligence d'un bon père de famille. Les actes qu'il peut faire ainsi sont innombrables. Mais n'y aurait-il pas du moins un principe qui permettrait d'en déterminer le caractère? N'existe-t-il pas un *criterium* à l'aide duquel on puisse distinguer les actes que le tuteur pourra faire seul, et ceux où il ne pourra représenter valablement le pupille qu'avec une assistance étrangère? On a cru le trouver et l'on a dit que le tuteur avait pour mission de faire seul les actes d'administration, mais devait au contraire demander, soit l'autorisation du conseil de famille, soit en plus l'homologation du tribunal, pour les actes de disposition. Si une règle semblable pouvait être posée, il serait alors facile pour les actes qui ne sont pas spécialement prévus par le Code civil de déterminer comment ils devraient être passés dans la tutelle? Mais une telle distinction est-elle possible? Il est bien vrai que la loi dans l'article 1988 semble bien distinguer ces deux sortes d'actes sous le nom d'*acte d'administration* et d'*acte de propriété*, mais quelle serait au juste la définition de l'une et de l'autre? Pour s'attacher à une idée nette, on serait tenté de dire que l'acte d'administration doit être celui qui s'applique aux biens du patrimoine sans en dénaturer la substance, que l'acte de disposition est celui qui change la nature des biens compris dans le patrimoine en substituant une valeur à une autre. Mais une telle idée est certainement inadmissible. A ce compte, la vente des meubles devrait toujours être considérée comme un acte placé en dehors de la catégorie des actes d'administration ; or, il n'en est rien, et le tuteur peut certainement vendre seul les meubles corporels et même les meubles incorporels. En sens inverse, les baux, de quelque durée qu'ils soient, devraient toujours être considérés comme des actes d'administration et permis au tuteur seul, puisqu'ils ne changent en rien le capital des biens, et ne sont qu'une manière de les faire fructifier en les conservant en substance. Et cependant nous trouvons, comme règle certaine écrite dans la loi, que le tuteur ne peut faire des baux opposables au mineur pour une période au-dessus de neuf années. Au delà, le bail serait considéré comme dépassant les mesures de simple administration. Voilà donc deux décisions, et on en pourrait citer d'autres qui détruisent complétement ce principe qui ne saurait être vrai que dans une certaine mesure, et ces décisions sont justes en elles-mêmes, car il est évident que la vente des meubles est un acte peu grave, au moins quand il s'agit de meubles corporels, et qui sera le plus souvent utile, nécessaire même, dans toute bonne gestion, pour éviter qu'ils se détériorent. Le bail, au contraire, fait pour une longue durée, constitue pour le propriétaire une entrave fort gênante, il lui enlève la liberté d'action, il peut l'empêcher de profiter de circonstances meilleures, et d'augmenter ainsi sa fortune par des améliorations ou des opérations bien conduites ; c'est donc un acte d'une certaine gravité qu'il était prudent de ne pas confier à la discrétion du tuteur. Ainsi donc la véritable pensée de la loi, c'est de se déterminer avant tout par le caractère de gravité plus ou moins grande que l'acte présente dans la pratique ; c'est la considération qui doit avoir le plus de poids quand il s'agit de décider sur le sort d'un acte douteux et non prévu par la loi, et de raisonner, soit par analogie, soit par *à fortiori*, d'actes qui sont prévus et réglés. La règle la plus sûre d'interprétation, celle qui est en outre la plus conforme aux traditions historiques, reste toujours celle-ci, qu'en principe le tuteur représente seul le mineur et peut faire tous les actes, quels qu'ils soient, qui concernent son patrimoine, à l'exception de ceux pour lesquels un tel pouvoir lui est retiré par une disposition formelle de la loi, venant exiger l'accomplissement de certaines formalités, l'intervention, soit du conseil de famille, soit du tribunal.

CHAPITRE II.

Tandis qu'à Rome nous avons vu les pouvoirs du tuteur ne s'étendre que sur le patrimoine du pupille, et l'éducation de celui-ci, avec tous les soins qu'elle comporte, appartenir à une personne étrangère à la tutelle et désignée par le magistrat, le tuteur français, au contraire, réunit ces deux attributions : 1° *prendre soin de la personne du pupille ;* 2° *administrer ses biens.*

Et d'abord le tuteur prend soin de la personne du mineur (art. 450). Cette règle entraîne pour lui l'obligation de ne rien négliger des intérêts moraux, intellectuels et physiques du pupille. Et c'est bien ici le cas de répéter avec la loi romaine, et plus justement qu'elle : *tutor qui tutelam gerit, quantum ad providentiam pupillarem domini loco habetur.* (L. 27 au Dig., *De adm. tut.*)

Pour que le tuteur soit soumis à l'obligation de prendre soin de la personne du mineur, il faut nécessairement supposer que nous nous trouvons en dehors du cas où la tutelle se trouve coexister avec la puissance paternelle. En effet, quand la mère survivante a refusé la tutelle (394), c'est pour elle un droit inaliénable de s'occuper de l'éducation de ses enfants, et le tuteur qui peut leur être nommé est déchargé de toute préoccupation de ce côté et n'a plus d'attributions qu'à l'égard du patrimoine.

Cette observation est bien exacte, et il n'y a pas à tirer argument contre elle des termes impératifs de l'article 450 : *Le tuteur prendra soin de la personne du mineur...,* puisque dans l'article 372 nous lisons que l'enfant reste sous l'autorité de ses père et mère jusqu'à sa majorité ou son émancipation, et cela sans qu'il soit fait de distinction, suivant qu'il y a ou qu'il n'y a pas tutelle. Mais il peut arriver que le père où la mère survivant soit privé de l'exercice de la puissance paternelle et que dès lors le soin de la personne du mineur passe au tuteur.

Que veut dire la loi quand elle dit que le tuteur prend soin de la personne du mineur? Il faut entendre par là une assistance de tous les instants; le tuteur doit être en quelque sorte comme un gardien qui surveille et protége le pupille dans toutes les circonstances de sa vie. Ce devoir entraîne pour le tuteur les mêmes droits que ceux qui garantissent l'autorité paternelle, mais toutefois avec certaines restrictions commandées par la prudence et la crainte que la sévérité du tuteur ne soit pas tempérée par une affection suffisante.

C'est ainsi qu'aux termes de l'article 468, le tuteur, qui a des sujets de mécontentement graves sur la conduite du mineur, ne peut pas comme le père, agir par voie d'autorité pour faire détenir le mineur, ni même comme la mère, agir par voie de réquisition, avant d'avoir été autorisé par un conseil de famille à prendre ce dernier parti, et cela quand bien même le tuteur serait de la classe des ascendants autre que père et mère.

Il peut arriver que le tuteur ne soit pas chargé de l'éducation du pupille, car ce droit n'est pas de l'essence, mais seulement de la nature de la tutelle. Il peut donc se faire que deux personnes soient nommées, dont l'une aura seule la qualité de tuteur et administrera les biens du pupille, dont l'autre prendra soin de sa personne, et nous retomberons alors dans le système romain.

Cette décision a été donnée par la Cour de Rouen pour le cas où la mère survivante dispose de la tutelle de son enfant : il faut l'étendre même au cas de tutelle dative. Il peut, en effet, y avoir utilité pour le pupille à ce que ces deux fonctions : l'administration de son patrimoine, le soin de sa personne, soient divisées, car les qualités qu'elles réclament sont différentes et peuvent ne pas se rencontrer facilement dans la même personne. La première suppose l'honnêteté et la connaissance des affaires, la seconde suppose plus particulièrement une affection personnelle pour le pupille. Après avoir été réunies à l'origine, les deux fonctions de tuteur peuvent aussi se diviser par la suite, et le soin de la personne, c'est-à-dire l'éducation du pupille, peut être retirée au tuteur si elle se trouve compromise entre ses mains. Quand, par exemple, une jeune fille mineure est placée sous la tutelle d'un de ses parents et que des soupçons viennent à planer sur la moralité de celui-ci, l'éducation de la pupille lui sera retirée et elle sera confiée, soit à une parente, soit à un couvent. Cela a été jugé dans plusieurs circonstances, et c'est au conseil de famille qu'il appartient de donner une décision en ce sens (1).

Toutefois c'est une question controversée que celle de savoir si le conseil de famille a le droit d'intervenir dans l'éducation du mineur, ou si le tuteur, investi par la loi du soin de la personne du mineur, peut écarter cette intervention et diriger son éducation en maître absolu et indépendant.

Dans un premier système, on donne au tuteur seul le droit de diriger l'éducation du pupille, en dehors de tout contrôle de la part du conseil de famille. Dans le projet du Code, le mot *surveillance* qui avait été introduit dans l'article 450 fut remplacé par cette disposition qui y figure aujourd'hui : *le tuteur prendra soin de la personne du mineur.* N'y a-t-il pas là la preuve certaine qu'on a voulu donner au tuteur sur la personne du mineur un pouvoir

---

(1) L'article 108, en donnant au pupille le domicile de son tuteur, ne nous contredit pas, car il s'agit évidemment d'un dom... le droit et non de fait.

plus étendu que ne l'aurait comporté le simple droit de surveillance. C'est encore dans le même but que le mineur n'a, en principe, d'autre domicile que celui du tuteur. D'ailleurs si l'on retire au tuteur le droit de diriger seul l'éducation du mineur, sa responsabilité doit cesser d'être absolue. C'est là une conséquence forcée. Logiquement, si l'on reconnaît au conseil de famille le droit de s'ingérer dans l'éducation du mineur, il faut aller jusqu'à dire que cette intervention pourra s'exercer même à l'égard du père ou de la mère qui, unissant la tutelle à la puissance paternelle, dirige l'éducation de ses enfants. Y aurait-il rien de plus injuste, et croit-on que les lumières et l'affection d'un conseil de famille, qui peut être composé de parents fort éloignés, puissent remplacer la sollicitude d'un père ou d'une mère quand il s'agit de l'éducation de leur enfant?

L'article 450 est formel. L'article 468 oblige bien le tuteur, qui a des mécontentements graves sur la conduite du mineur, à porter ses plaintes à un conseil de famille, sans l'autorisation duquel il ne pourra provoquer la réclusion du mineur. Mais c'est là une exception qui confirme le principe et fournit pour les autres hypothèses un argument *à contrario*.

Ainsi, dans ce système, c'est au tuteur seul qu'il appartient de fixer la résidence du mineur, le genre d'éducation qu'il recevra, la personne à laquelle il sera confié, la religion dans laquelle il sera élevé, la carrière qu'on s'efforcera de lui faire embrasser, et les mille autres conditions d'existence qui peuvent se présenter pour lui. Le conseil de famille n'a aucun droit d'intervention dans toutes ces questions. Tout son pouvoir se borne à destituer le tuteur lorsqu'il compromet les mœurs ou la fortune du pupille ou lorsqu'il abandonne son éducation.

Qui ne voit à quelles fâcheuses conséquences peut conduire ce système? Le tuteur n'est pas infaillible, il n'est pas toujours un sûr arbitre des questions qui touchent à l'éducation du pupille, et il se tromperait dans ces questions d'autant plus facilement que, chargé de décider, c'est encore lui qui exécute et que dès lors il peut de très bonne foi se trouver influencé par un sentiment d'intérêt personnel.

Le droit romain et l'ancien droit ne donnaient pas au tuteur un pouvoir absolu sur ce point et le soumettaient au contraire à une surveillance très attentive. Le titre du Digeste *Ubi pupillus educari vel morari debeat* nous montre toutes les questions relatives à l'entretien et à l'éducation du pupille, déférées à la sagesse du magistrat qui ne doit les résoudre qu'en connaissance de cause, *causa cognita*, et en la présence des plus proches parents du pupille, *præsentibus propinquis*.

L'ancien droit suivait les mêmes principes (1). Où voyons-nous que le Code ait rompu avec ces précédents? Dans l'article 450? Mais d'abord cet article n'est pas assez explicite pour qu'on puisse l'invoquer, et dans tous les cas on ne pourrait le faire qu'en l'absence d'un texte formellement contraire. Or, le texte qui contredit la solution qu'on voudrait tirer de l'article 450, nous l'avons; c'est l'article 454, qui oblige le conseil de famille à fixer approximativement, au début de la tutelle, la somme à laquelle pourra s'élever annuellement la dépense d'éducation du pupille. Qui ne voit que cette disposition reconnaît virtuellement au conseil de famille le droit d'intervenir pour déterminer, d'accord avec le tuteur, le mode d'éducation qui devra être suivi? En effet, le conseil de famille ne

(1) A ce point qu'on autorisait même la nomination d'un tuteur pour la gestion des biens et d'un autre tuteur pour l'éducation de la personne. (Meslé, part. I, ch. IX, n° 27; ch. XI, n° 55. Pothier, *Traité des personnes*, part. I, tit. VI, art. 4 *in fine*. Merlin, *Rép.*, t. IV, *Education*, § 1er, n° 5.)

peut fixer en aveugle et au hasard la somme dont parle l'article 454. Il faut qu'il se rende compte de l'état de fortune du pupille, de ses facultés intellectuelles, des dispositions qu'il manifeste, et ce n'est qu'après avoir constaté la nécessité ou l'utilité de tel sacrifice d'argent à faire pour son éducation que le conseil peut fixer *approximativement*, comme l'article 454 lui en fait un devoir, la somme que le tuteur devra prendre sur le patrimoine du mineur pour y faire face.

C'est donc, suivant nous, le conseil de famille qui aura mission de décider du genre d'éducation que le mineur recevra, de sa résidence, de sa carrière, etc.; sauf, en cas de désaccord avec le tuteur sur ces questions, le droit réservé à celui-ci de soumettre aux tribunaux la délibération du conseil.

Le tuteur chargé de l'éducation du pupille n'est jamais tenu d'y subvenir de ses propres deniers, car il n'existe pas de dette alimentaire entre le tuteur et le pupille. La loi romaine disait déjà : *Si quiegeni sint pupilli de suo eos alere tutor non compellitur* (1). Ainsi le mineur se trouvant sans biens aucuns, de telle sorte que la gestion du tuteur devienne inutile faute d'objet, il ne lui reste d'autre ressource que d'entrer dans un établissement hospitalier. Le Code n'a pas reproduit ici une disposition de la Coutume de Bretagne (art. 532), qui obligeait les parents des mineurs pauvres à contribuer à leur nourriture et à leur entretien.

L'article 450 commence ainsi : « Le tuteur prendra soin de la personne du mineur et le *représentera* dans tous les actes civils. Il *administrera* ses biens en bon père de famille...... » Il semble que cet article sépare intentionnellement ces deux attributions du tuteur : représenter le mineur, administrer ses biens, et qu'il fasse rentrer la

____

(1) Loi 3, Dig., *Ubi pupillus educ.*

première dans le soin de la personne. Il est plus juste de ranger la représentation du mineur par le tuteur dans la fonction qui consiste à administrer ses biens, puisque ce n'est qu'à propos des actes juridiques auxquels donne lieu l'administration du patrimoine qu'il peut être question de le représenter.

Quoi qu'il en soit, le tuteur administre les biens du pupille et il doit le faire, nous dit l'article 450, en bon père de famille. Sinon, il répond des dommages-intérêts qui peuvent résulter de sa mauvaise gestion. Nous examinerons en fin de ce travail quelle est exactement l'étendue de la responsabilité qui incombe au tuteur. Pour le moment, nous devons signaler les premières obligations que la loi impose au tuteur à son entrée en fonction, comme garantie de cette responsabilité :

1° Tout d'abord, s'il s'agit d'un tuteur légitime ou testamentaire, il doit, d'après l'article 421, faire convoquer le conseil de famille à l'effet de nommer un subrogé-tuteur. S'il manquait à ce devoir par mauvaise volonté, et s'ingérait dans l'administration de la tutelle avant de l'avoir rempli, le conseil de famille pourrait lui retirer la tutelle, sans préjudice des indemnités dues au mineur ;

2° L'article 451 oblige tout tuteur, quel qu'il soit, à requérir, dans les dix jours qui suivront celui où il a dû entrer en fonctions (1), la levée des scellés apposés sur les objets dépendant de la succession des père et mère du mineur ou d'un premier tuteur dont il est héritier (art. 819).

Dès que les scellés sont levés, le tuteur doit immédiatement procéder à l'inventaire des biens qui vont entrer dans son administration. Il doit le faire en présence du subrogé-tuteur, car c'est là une des obligations les plus importan-

---

(1) L'article 451 porte : « Dans les dix jours qui suivront celui de *sa nomination....* » C'est là une inexactitude, car il est évident que l'article n'est pas fait seulement pour les tuteurs datifs.

tes qui lui sont imposées. En effet, c'est l'inventaire qui va faire connaître l'état de fortune du mineur et fixer la somme dont le tuteur devra justifier à sa sortie de fonction. C'est, selon l'expression de Toullier, le tableau de la succession, qui comprend le détail des biens qui y sont compris, des meubles, effets, marchandises, argent, créances, billets, titres et papiers laissés par le défunt.

Le tuteur ne peut commencer à administrer avant d'avoir fait inventaire. Nous avons vu cette règle posée en droit romain (1), elle est évidemment contenue dans l'article 451; et si le mineur éprouvait un préjudice à raison du retard que le tuteur aurait apporté à l'accomplissement de cette obligation, il aurait une action contre lui.

Quand le nouveau tuteur remplace un tuteur dont le mineur n'est pas héritier, il n'y a pas lieu d'apposer les scellés, ni de confectionner un inventaire, car le compte de tutelle du précédent tuteur, rendu par lui ou par ceux qui le représentent, en présence du subrogé-tuteur, tient lieu d'inventaire en faisant aussi parfaitement connaître la consistance du patrimoine pupillaire.

L'obligation de faire inventaire se reproduit chaque fois qu'une succession vient à échoir au mineur, et nous pensons que le testateur ne pourrait, par une clause formelle, délier le tuteur de ce devoir absolument rigoureux. La solution contraire était donnée en droit romain et nous avons montré à quelle contradiction elle conduisait les jurisconsultes; mais aujourd'hui encore plusieurs auteurs tiennent pour le système romain. Aussi tombent-ils dans le même défaut de logique, puisque, tout en autorisant la dispense de faire inventaire, ils ne peuvent admettre que le tuteur puisse dispenser de rendre compte, ce qui cependant se ressemble beaucoup.

(1) *Nihil itaque gerere, ante inventarium factum, eum oportet, nisi id quod dilationem nec modicam expectare possit.* (Loi 7 pr. Dig., *De adm. et peric. tut.*)

« S'il est dû quelque chose au tuteur par le mineur, il devra le déclarer dans l'inventaire, à peine de déchéance, et ce, sur la réquisition que l'officier public sera tenu de lui en faire et dont mention sera faite au procès-verbal » (art. 451). Cette disposition a pour but d'éviter la fraude par laquelle le tuteur, sachant que la quittance qu'il a remise au mineur ou à ses auteurs d'une dette contractée envers lui, ne se trouve pas dans les papiers à inventorier, reproduirait la poursuite de sa créance éteinte. Mais il faut entendre cette règle sans trop de rigueur. D'abord l'article 451 dit lui-même que l'officier public est tenu de requérir la déclaration du tuteur. Celui-ci est donc, à défaut de cette réquisition, à l'abri de tout reproche. De plus, si, interpellé par l'officier public, le tuteur a déclaré qu'il n'était pas créancier ou a gardé le silence, il n'en est pas moins recevable à réclamer par la suite une créance qu'il ignorait au moment où l'inventaire a dû être fait.

Dans tous les cas, si les formalités prescrites par l'article 451 ont été omises, le notaire sera responsable du paiement que sa négligence a rendu nécessaire, et il sera tenu d'en indemniser le mineur.

L'obligation imposée au tuteur de faire inventaire a sa sanction : s'il y a manqué absolument, ou, ce qui revient au même, s'il a omis volontairement dans l'inventaire des effets de la succession, en sorte que l'inventaire n'ait plus les qualités qu'il doit avoir, d'exactitude et de fidélité, le mineur aurait le droit de prouver, tant par titres que par témoins, et au besoin par la commune renommée, la valeur et la nature des biens qui formaient son patrimoine, et le serment pourrait être déféré aux parties intéressées.

3° Il serait contraire à l'intérêt du mineur que son tuteur pût indéfiniment conserver les meubles corporels que l'inventaire a fait connaître et dont le temps diminue le plus souvent la valeur. D'ailleurs il est d'une bonne gestion de ne pas laisser des biens improductifs, et le tuteur ne doit pas conserver des choses qui ne sont d'aucune utilité pour le pupille. Ces deux motifs expliquent surabondamment la règle de l'article 452, ainsi posée : « Dans le mois qui suivra la clôture de l'inventaire, le tuteur fera vendre, en présence du subrogé-tuteur, aux enchères reçues par un officier public, et après des affiches ou publications dont le procès-verbal de vente fera mention, tous les meubles autres que ceux que le conseil de famille l'aurait autorisé à conserver en nature. »

Cette troisième obligation imposée au tuteur qui entre en fonctions est rigoureuse, et le testateur ne pourrait pas plus le dispenser de vendre les meubles de sa succession que de faire l'inventaire. Toutefois, il y a des cas où cette obligation cesse, quant aux personnes ou quant aux biens. Quant aux personnes, elle n'est pas imposée aux père et mère, pourvu qu'ils exercent leur usufruit légal ; mais ceux-ci sont tenus de faire faire, à leurs frais, des meubles qu'ils conservent, une estimation à juste valeur, par un expert qui sera nommé par le subrogé-tuteur et prêtera serment devant le juge de paix. Quant aux biens, le tuteur est dispensé de vendre, sans même être soumis à ces dernières formalités, les meubles dont il est usufruitier en vertu d'une convention ou d'une disposition testamentaire. Il est également dispensé par l'article 452 de vendre les meubles que le conseil de famille l'a autorisé à conserver en nature. Ce pouvoir accordé au conseil de famille était nécessaire, parce qu'il est des cas où la vente de certains meubles serait plutôt nuisible qu'utile au mineur.

Il en serait ainsi, par exemple, des meubles servant à l'usage habituel du mineur et dont la vente obligerait à en racheter immédiatement de semblables. Il en serait de même d'une bibliothèque de livres de droit, si le mineur fait son droit, et de toutes hypothèses analogues.

Mais, en dehors de ces cas exceptionnels, le tuteur qui

n'a pas vendu les meubles qu'il avait l'obligation de vendre ou qui ne les a vendus qu'après un délai suffisant pour les déprécier, est responsable envers le mineur de sa négligence ou de son retard et lui doit, au choix du mineur, soit ses meubles en nature, avec une indemnité pour la dépréciation et la détérioration qu'ils auraient subies, soit le montant de l'estimation portée dans l'inventaire.

4° Lors de son entrée en fonctions, le tuteur doit faire régler par le conseil de famille, par aperçu, et selon l'importance des biens régis, la somme à laquelle pourra s'élever la dépense annuelle du mineur, ainsi que celle d'administration de ses biens (art. 454).

La loi romaine disait que les dépenses devaient être réglées *ex persona, ex conditione, ex tempore.... pro modo facultatum pupilli*. C'est le même esprit qui doit guider le conseil de famille. En principe, les revenus ne doivent pas être dépassés, ni même, autant que possible, entièrement absorbés. Mais il sera souvent utile au mineur qu'il en soit autrement, dans le cas, par exemple, où en sacrifiant tout ou partie de son capital, on lui procurerait une situation de fortune bien supérieure à cause des bénéfices qu'il y pourrait réaliser.

Dans cette fixation des dépenses annuelles du mineur et des frais d'administration alloués au tuteur, il y a une large part pour l'imprévu et nous ne devons pas voir là un traité à forfait qu'il n'est plus permis de modifier dans le cours de la tutelle (1).

Avec l'âge du mineur, avec l'accroissement ou la dimi-

---

(1) Toutefois il est des auteurs qui pensent que ce caractère pourrait être valablement donné au règlement de dépenses fait par le conseil de famille. Le tuteur pourrait être chargé, à ses risques et périls, moyennant une somme fixée une fois pour toutes, de défrayer entièrement le mineur, quelques variations que son patrimoine pût subir.

nution successive de sa fortune, les dépenses que nécessitent son entretien et son éducation doivent varier et dès lors le tuteur doit revenir devant le conseil de famille, dès qu'il le juge utile, pour lui demander de lui fournir un crédit supplémentaire ou de diminuer celui qui lui a été précédemment accordé.

En cette matière tout est de bonne foi, et l'article 454 ne s'oppose pas à ce que le tuteur qui a omis de faire régler ses dépenses ne puisse se faire rembourser celles qu'il justifiera avoir faites utilement.

Dans le même acte qui réglera ses dépenses, le tuteur devra faire décider, par le conseil de famille, s'il sera autorisé à se faire aider, dans son administration, par une ou plusieurs personnes salariées et gérant sous sa responsabilité. Celles-ci sont alors de véritables mandataires du tuteur, mais à l'égard du mineur elles disparaissent sous la personnalité du tuteur, tenu de leurs actes comme s'il les avait faits lui-même et seul soumis à l'hypothèque légale dont sont affranchis les biens de ces mandataires qui ne sont pas des tuteurs, mais de simples agents d'administration nommés et révoqués au gré du tuteur dont ils dépendent exclusivement.

5° Le tuteur doit faire déterminer par le conseil de famille la somme à laquelle commencera pour lui l'obligation d'employer l'excédant des revenus sur la dépense; un délai de six mois est accordé au tuteur pour faire emploi de cette somme, dont il doit les intérêts s'il laisse passer le délai sans avoir rempli cette obligation (art. 455).

Il ne serait pas possible d'obliger le tuteur d'une manière générale à faire emploi de toute somme, si minime qu'elle fût, qui tombe entre ses mains. On ne trouve en effet un placement utile que pour des capitaux assez considérables. Il fallait donc laisser au tuteur le temps de capitaliser dans une certaine mesure ce qui excède, sur les revenus du pupille, la somme fixée par l'article 454 pour satisfaire à sa dépense annuelle et à l'administration de ses biens. Il n'est pas possible de déterminer *à priori,* même par aperçu, comme l'ont fait quelques auteurs, la somme à laquelle le conseil de famille devra s'arrêter. Il y a là une question d'appréciation qui ne peut être résolue que par le conseil de famille seul et dans chaque cas particulier. Il est bien entendu que le tuteur n'est pas obligé d'attendre la fin du délai de six mois pour faire l'emploi, et que s'il a agi avec une diligence plus grande que celle qui lui est imposée, ce n'est pas lui, mais le mineur qui doit en profiter, et celui-ci aura le bénéfice des intérêts qui ont pu être perçus avant l'expiration du délai de six mois.

Si le tuteur n'a pas fait déterminer par le conseil de famille la somme à laquelle doit commencer l'emploi, il devra, après le délai de six mois, les intérêts de toute somme non employée, *quelque modique qu'elle soit* (art. 456) : toutefois nous croyons que si, en fait, il était prouvé que, bien que le tuteur n'ait pas fait emploi de ces sommes, il n'en a pas profité personnellement, on ne devrait pas le rendre responsable d'avoir attendu, pour faire un placement avantageux, qu'il eût entre les mains un capital d'une certaine importance.

Telles sont les obligations spéciales imposées au tuteur, pour la garantie des intérêts du mineur, au moment où commence la tutelle. Dès qu'elles sont accomplies, l'administration commence, et nous avons maintenant à rechercher quels sont, pendant sa gestion, les pouvoirs du tuteur, au point de vue des actes juridiques à accomplir sur les biens pupillaires.

Il faut à ce point de vue distinguer cinq catégories d'actes :

1° Les actes que le tuteur peut faire seul, en vertu de sa propre qualité de tuteur, sans qu'ils puissent être critiqués par aucun des pouvoirs qui le contrôlent ;

2° Les actes que le tuteur ne peut faire seul, mais pour

lesquels il a besoin de l'autorisation du conseil de famille ;

3° Les actes pour lesquels l'homologation du tribunal doit venir ratifier la délibération du conseil de famille qui les autorise ;

4° Un acte spécial, *la transaction,* pour lequel, outre la délibération du conseil de famille et l'homologation du tribunal, il faut une formalité préalable, consistant dans l'avis conforme de trois jurisconsultes ;

5° Enfin, les actes que le tuteur ne peut faire d'aucune manière, soit parce qu'ils lui sont interdits, soit parce que la personnalité du pupille y est engagée de telle sorte qu'elle n'y puisse être représentée.

Les actes que le tuteur peut faire seul sont de beaucoup les plus nombreux, ce sont ceux qui constituent, à proprement parler, l'administration tutélaire. La règle générale est que le tuteur peut agir seul dans tous les cas où la loi ne l'oblige pas à suivre des formalités spéciales. L'autorisation du conseil de famille, l'homologation du tribunal, sont des conditions exceptionnelles, et pour connaître exactement les cas dans lesquels le tuteur peut agir sans entrave, il suffirait de procéder par élimination, en donnant d'abord la nomenclature assez restreinte des cas où certaines formalités sont prescrites. D'ailleurs les actes d'administration d'un patrimoine variant à l'infini, on ne peut essayer d'en faire une énumération complète, et nous devons nous borner à l'examen des plus importants de ces actes extrajudiciaires ou judiciaires.

Et d'abord, le tuteur doit payer les dettes du pupille, dès qu'elles sont exigibles et non contestées ; c'est là son premier devoir après la confection de l'inventaire et le premier placement à faire des capitaux du mineur.

Réciproquement, le tuteur a qualité pour recevoir et exiger des débiteurs du mineur le paiement de ses créances et le remboursement des rentes. S'il est lui-même débiteur du pupille, son premier acte doit être de le payer. Si, à l'inverse, il en est créancier, il doit se payer de ses propres mains. S'il ne l'avait pas fait, il serait responsable lors du compte de tutelle, d'après l'intérêt du pupille.

Ce droit qui appartient au tuteur de payer ou de recevoir pour le mineur emporte-t-il le droit de disposer librement des capitaux? En droit romain, le tuteur avait certainement ce pouvoir, et la seule restriction qu'on y apportait était l'obligation de ne pas appauvrir le pupille. Dans notre ancien droit, il en était également ainsi, et nous voyons les auteurs consacrer le pouvoir absolu du tuteur et adopter cette maxime que : *tutor domini loco habetur*. Pothier dit même textuellement que : « Le pouvoir du tuteur sur « les biens du mineur lui donne le droit d'aliéner toutes « les choses mobilières de son mineur et d'en transmettre « la propriété à ceux qui les reçoivent de lui, sans qu'il « soit besoin pour cela que le consentement de son mi- « neur intervienne... »

Est-ce là encore la théorie du Code? Le principe en matière d'administration tutélaire est que tout ce qui n'est pas défendu au tuteur par un texte formel de la loi lui est permis, car il a le mandat général de représenter le mineur et de faire en son nom tout ce que celui-ci ferait valablement s'il était majeur, c'est-à-dire capable. Le Code a prévu avec le plus grand soin les actes pour lesquels le tuteur devrait être soumis à l'autorisation préalable du conseil de famille. S'il n'a pas mentionné parmi ces actes l'emploi des capitaux, on ne peut dire que ce soit par suite d'une inattention qui ne saurait s'expliquer.

Les articles 457 et 461 ont défendu au tuteur, le premier, l'aliénation proprement dite ; le second, l'aliénation indirecte des biens immobiliers du mineur sans l'autorisation du conseil de famille. N'y a-t-il pas là, dans le silence de la loi sur l'aliénation des biens mobiliers, la preuve manifeste que cette aliénation est permise au tuteur agissant seul, surtout lorsque dans ce silence parle la tradition? Bien plus, les articles 455 et 456, qui obligent celui qui va administrer en qualité de tuteur à faire déterminer par le conseil de famille la somme à laquelle devra monter l'excédant des revenus pour qu'il y ait lieu à en faire emploi, ne montrent-ils pas que dès que l'administration est commencée, le rôle du conseil cesse et que le tuteur devient tout à fait indépendant, quant au mode d'emploi de cet excédant et même quant à la disposition des capitaux trouvés au début de la tutelle ou échus depuis au mineur par suite de remboursements, de successions ou de donations?

En résumé, le droit de disposer librement des capitaux appartient, selon nous, au tuteur, c'est-à-dire qu'il pourra déterminer seul le mode d'emploi de ces capitaux sans avoir à prendre d'abord l'avis du conseil de famille, et les tiers avec qui il aura traité ne pourront être attaqués. La loi a pensé que la surveillance assidue du subrogé-tuteur, le pouvoir qui lui appartient de provoquer la destitution du tuteur, et surtout l'hypothèque légale qui garantit le recours à exercer par le mineur qui a souffert de l'acte du tuteur, modéraient suffisamment la liberté accordée à ce mandataire et prévenaient les abus. Dans tous les cas, bien qu'il n'y soit pas obligé, le tuteur fera bien et prudemment de prendre l'avis du conseil de famille pour disposer de capitaux d'une certaine importance.

Nous avons vu que l'article 452 faisait au tuteur un devoir de vendre aussitôt après l'inventaire tous les meubles, excepté ceux que le conseil de famille l'autoriserait à conserver en nature. L'esprit de cette règle n'est pas douteux; il s'agit évidemment ici des objets mobiliers inutiles ou improductifs qu'il est d'une bonne et sage administration de transformer en capitaux productifs et de mettre ainsi à l'abri de toute dépréciation. Devons-nous conclure de là que le tuteur ne sera pas soumis à la même obligation en ce qui concerne les meubles incorporels, tels que les créances, actions, rentes, etc.? Et d'abord, l'article 452 parlant de biens qui peuvent être conservés *en nature*, montre qu'il ne peut s'agir que de meubles corporels. De plus, les mêmes raisons d'utilité ne se présentent pas pour les meubles incorporels dont l'acquisition est souvent le meilleur emploi qu'on puisse faire d'un capital improductif. Ainsi il est bien certain que le tuteur n'est pas obligé de vendre les meubles incorporels et qu'il peut les conserver. Mais s'il les aliéne, doit-il recourir à des formalités particulières ou peut-il les aliéner seul et directement? Nous croyons que le tuteur peut en cette qualité disposer librement des meubles incorporels du mineur, de façon que cet acte de disposition soit valable à l'égard des tiers et n'engage sa responsabilité que vis-à-vis du pupille auquel il pourrait nuire. Il semble étonnant au premier abord que la loi, qui trace des formalités à suivre dans l'article 452 pour la vente des meubles corporels, n'y soumette pas à bien plus forte raison la vente des meubles incorporels; mais, quoi qu'il en soit de cette impression, il est constant que le tuteur trouve dans son pouvoir d'administration le droit de vendre seul les meubles incorporels; car, ainsi que nous l'avons dit plus haut en parlant du droit qu'a le tuteur de disposer des capitaux du mineur, dès que la loi n'interdit pas au tuteur un acte déterminé, cet acte lui est permis. N'en est-il pas ainsi dans notre cas? L'ancien droit permettait au tuteur d'aliéner seul et sans formalités les biens incorporels du mineur. Notre droit actuel ne le contredit pas. Nulle part le Code civil n'indique comme un acte soumis à l'autorisation préalable du conseil de famille l'aliénation des meubles incorporels. Il ne le dit même pas dans l'article 452 pour les meubles corporels. Quant aux formalités prescrites par cet article, rien ne serait plus désastreux pour le pupille, ni plus singulier, que d'y soumettre la plupart des biens compris dans la dénomination de meubles incorporels, tels que les offices ministériels, les maisons de commerce ou d'industrie. D'abord, les offices ministériels ne sont pas dans le commerce, ce qui dès lors écarte la voie des enchères, et ne laisse place qu'à une cession amiable. D'autre part, il serait très dommageable pour les pupilles que ces offices ou ces établissements industriels fussent livrés au plus offrant parmi des enchérisseurs, qui sont la plupart du temps incapables d'en apprécier l'importance ou d'en supporter les charges, et aux yeux desquels la publicité intempestivement donnée peut diminuer beaucoup le crédit de l'établissement vendu.

Une loi postérieure au Code, la loi du 24 mars 1806, a fixé la législation, sur le point qui nous occupe, en ce qui touche l'aliénation par le tuteur des rentes sur l'Etat appartenant au pupille. Le tuteur peut transférer seul les rentes n'excédant pas 50 francs de revenu ; au delà de ce chiffre, il a besoin de l'autorisation du conseil de famille. Le transfert a lieu, dans le cas où il est permis au tuteur seul, sans autre formalité que le certificat constatant le cours des inscriptions au jour de la vente. La règle posée par la loi de 1806 pour les rentes sur l'Etat a été étendue aux actions de la Banque par un décret du 25 septembre 1813.

Faut-il appliquer par analogie aux rentes sur des particuliers la règle de la loi de 1806 ? Plusieurs auteurs le font, mais rien n'autorise une assimilation aussi arbitraire. Le principe est celui-ci : le tuteur peut aliéner seul les meubles incorporels du mineur. Une exception, une seule, est faite par la loi de 1806 pour les rentes sur l'Etat : il nous est défendu d'aller au delà de ses termes.

Le tuteur peut, sans l'autorisation du conseil de famille, donner mainlevée des inscriptions prises au profit du mineur sur les biens de son débiteur, pourvu qu'il ne le fasse qu'en recevant le montant de la créance en capital et intérêts : autrement, ce serait une aliénation indirecte.

Le tuteur peut encore, croyons-nous, acquérir des immeubles avec les capitaux du mineur, pourvu qu'il ait entre les mains de quoi payer le prix.

C'est au tuteur qu'il appartient de passer les baux relatifs aux biens du pupille. Pour en trouver les limites, l'article 1718, au Titre du louage, nous renvoie aux règles tracées par les articles 1429 et 1430, au sujet des baux passés par le mari des biens de sa femme.

Il résulte de ces règles, appliquées à notre matière, que le tuteur ne peut faire valablement de baux qui excèdent une période de neuf années; que les baux passés pour un temps plus long ne seraient obligatoires pour le pupille, au moment où il atteindrait sa majorité, que pour le temps qui resterait à courir, soit de la première période de neuf ans, si les parties s'y trouvent encore, soit de la seconde, et ainsi de suite, de manière que le fermier n'ait que le droit d'achever la période de neuf ans où il se trouve; qu'enfin, les baux de neuf ans et au-dessous que le tuteur seul a passés ou renouvelés des biens de son pupille, plus de trois ans avant l'expiration du bail courant, s'il s'agit de biens ruraux, et plus de deux ans avant cette époque, s'il s'agit de maisons, seraient sans effet, à moins que leur exécution n'eût commencé avant l'arrivée de la majorité.

Ainsi le tuteur a-t-il fait un bail de plus de neuf années, le mineur à sa majorité, ou ses héritiers, s'il est mort, pourront en demander la nullité. Bien plus, le tuteur lui-même peut demander la nullité du contrat de bail qu'il a passé, car alors ce n'est plus comme contractant et en son nom personnel qu'il agit, c'est comme tuteur et au nom de son pupille. Mais il serait soumis à des dommages-intérêts vis-à-vis du preneur, s'il s'était engagé à lui procurer la jouissance du bien du pupille.

Tandis que le mari et l'usufruitier peuvent faire, pendant le mariage ou la durée de l'usufruit, des baux d'une durée indéfinie, parce qu'ils ont la jouissance propre des biens qu'ils donnent ainsi à bail (sauf à la femme, lorsque la communauté est dissoute, ou au propriétaire, lorsque l'usufruit prend fin, le droit de n'en tenir compte que dans la mesure indiquée aux articles 1429 et 1430), le tuteur ne jouit pas de cette faculté, et les baux qu'il passe pendant la tutelle pour une durée de plus de neuf années peuvent être dès ce moment attaqués, parce qu'il n'a sur les biens de son pupille aucun droit de jouissance, et que le pouvoir d'administration lui est seul confié. Il est vrai que la Cour de cassation a rendu un arrêt contraire à cette doctrine ; mais elle est confirmée, indépendamment des motifs que nous avons donnés, par toutes les traditions, et elle trouve un argument de plus dans l'article 481 qui l'établit expressément pour le mineur émancipé.

L'article 450 défend au tuteur de prendre lui-même à bail les biens de son pupille. Faut-il en conclure qu'il lui est également interdit de les cultiver? La question était controversée dans l'ancien droit, et l'est encore aujourd'hui ; mais d'abord nous ne trouvons aucun texte qui fasse au tuteur une semblable défense, et celui-ci peut être, par la connaissance qu'il a acquise pratiquement des biens de son pupille, la personne la plus apte à les exploiter et à les mettre en valeur. D'ailleurs, le conseil de famille est toujours là qui surveille cette nouvelle situation et qui peut ordonner, s'il y a abus, que les biens soient affermés.

Il entre encore dans les pouvoirs de l'administration du tuteur de faire seul toutes les réparations, sans distinguer, comme le faisaient dans l'ancien droit plusieurs auteurs, entre les réparations d'entretien et les grosses réparations, pourvu que sous l'apparence d'une réparation ne se cache pas en réalité une construction nouvelle.

Enfin, d'une manière générale, c'est au tuteur seul qu'il appartient de faire, comme il le juge bon, l'emploi des deniers pupillaires prescrit par l'article 455 dont il faut appliquer la disposition, non-seulement à l'excédant des revenus, mais à toutes les autres sommes que le tuteur détient au nom du mineur, tels que les deniers trouvés à l'ouverture de la tutelle, ceux qui proviennent d'un remboursement, d'une succession ou d'une donation, ou encore de la vente des meubles prescrite par l'article 452.

En matière judiciaire le tuteur a également des pouvoirs très importants. Il faut distinguer ici entre les actions mobilières et les actions immobilières. Quant aux premières, le tuteur a le droit de les intenter et d'y défendre seul ; mais, tandis qu'il peut défendre seul aux actions immobilières, il ne peut les intenter qu'avec l'autorisation du conseil de famille. Le tuteur peut encore défendre à une action en partage et cela tient à ce que, personne n'étant tenu de rester dans l'indivision, il n'est pas au pouvoir du conseil de famille d'écarter par son refus la demande en partage d'un copropriétaire du mineur. Il est même certain, malgré l'article 840, qu'un partage ainsi fait à la suite d'une demande n'émanant pas du tuteur, serait non pas seulement provisionnel, mais définitif.

Le serment et l'aveu ne pouvant émaner régulièrement que de celui qui est capable de disposer du droit lui-même, le tuteur seul ne pourrait pas les passer d'une manière obligatoire pour le pupille.

En résumé, le tuteur, en vertu de son mandat, a le pouvoir de faire seul, et d'une façon aussi complète que pourrait les faire l'incapable devenu majeur, tous les actes au moyen desquels il pourra accomplir l'obligation générale qui lui est imposée de conserver et même d'augmenter le patrimoine du pupille. Ainsi peut-il prendre toutes les mesures conservatoires, telles que l'interruption des prescriptions, la réquisition des inscriptions et transcriptions hypothécaires.

2° Les actes pour lesquels il faut au tuteur l'autorisation préalable du conseil de famille, sont les suivants : la répudiation et l'acceptation d'une succession, l'acceptation d'une donation, l'exercice des actions immobilières du mineur ou l'acquiescement et le désistement relatifs à ces mêmes droits, la demande en partage, enfin la vente des rentes sur l'Etat ou des actions de la Banque de France qui dépassent 50 francs de revenu. Et d'abord l'autorisation du conseil de famille est exigée par l'article 461 pour que le tuteur puisse accepter ou répudier valablement une succession échue au mineur, ou même un legs universel ou à titre universel. L'article 461 ajoute que l'acceptation ne pourra avoir lieu que sous bénéfice d'inventaire. Il était nécessaire ici de ne pas laisser au tuteur seul le pouvoir de répudier lui-même la succession, parce qu'on peut craindre qu'il soit exposé à recevoir des cohéritiers du mineur ou de ceux qui hériteraient à son défaut le prix de la répudiation qui les enrichit. Mais on n'aperçoit pas aussi facilement pourquoi la même prohibition s'applique à l'acceptation d'une succession, dès lors qu'elle ne peut être faite que sous bénéfice d'inventaire. Pour le comprendre il faut se rappeler que l'acceptation d'une succession, même sous bénéfice d'inventaire, oblige l'héritier bénéficiaire au rapport des libéralités qu'il a reçues du défunt; et il suffit de supposer, pour qu'il ait intérêt dans ce cas à refuser purement et simplement, que ces libéralités sont supérieures à la valeur des biens qu'il prendrait comme héritier. D'ailleurs, même à défaut de libéralités, si la succession n'est pas avantageuse, il est de l'intérêt du mineur qu'elle soit refusée purement et simplement parce que l'acceptation bénéficiaire entraîne des frais et des embarras qu'un bon administrateur doit éviter.

D'après l'article 462 : « Dans le cas où la succession répudiée au nom du mineur n'aurait pas été acceptée par un autre, elle pourra être reprise soit par le tuteur, autorisé à cet effet par une nouvelle délibération du conseil de famille, soit par le mineur devenu majeur, mais dans l'état où elle se trouvera lors de la reprise, et sans pouvoir attaquer les ventes et autres actes qui auraient été faits légalement durant la vacance. » C'est là un cas d'application du principe général posé au titre des successions par l'article 790.

Ici s'élève la question de savoir si, jusqu'au moment où le tuteur reprend la succession, la prescription a pu courir au profit des débiteurs de la succession ou des détenteurs des biens héréditaires.

Dans un premier système, soutenu par M. Marcadé, on raisonne ainsi : l'acceptation du tuteur a un effet rétroactif qui fait considérer le mineur comme ayant été héritier *ab initio* (art. 777) ; dès lors il n'y a pas eu à proprement parler vacance de la succession (art. 2258) et la prescription n'a pu courir contre le mineur, suivant le principe de l'article 2252.

M. Demolombe, qui soutient l'opinion contraire, répond que, selon l'article 785, l'héritier qui renonce est censé n'avoir jamais été héritier, et que dès lors, par la renonciation de son tuteur, le mineur est devenu étranger à la succession. La succession a donc été vacante, et pendant cette vacance le curateur a fait valablement avec les tiers les actes que la loi l'autorise elle-même à faire en qualité de représentant de la succession. La prescription a donc pu courir aux termes de l'article 2258. Et il ne peut être question de rétroactivité en présence de ces expressions de l'article 462 : que le tuteur ou le mineur devenu majeur ne peut reprendre la succession que *dans l'état où elle se trouvera lors de la reprise.*

L'article 463 dispose que l'autorisation du conseil de famille est nécessaire au tuteur pour accepter une donation faite au mineur. Il faut en effet apprécier l'honorabilité des motifs qui ont amené la donation ; il faut encore examiner si les conditions et charges auxquelles elle peut être soumise, d'après les articles 953 et 954, ne sont pas à ce point onéreuses qu'il soit de l'intérêt du pupille de s'y soustraire en n'acceptant pas. Toutefois l'article 935 déroge à la règle de l'article 453, en permettant à tous ascendants du mineur d'accepter la donation qui lui est faite, bien qu'ils ne soient ni tuteurs ni curateurs, parce que le titre de père ou de mère, ou même de simple ascendant, offre autant de garantie que l'ensemble du conseil de famille. Si donc le tuteur a lui-même cette qualité d'ascendant, il pourra accepter seul la donation sans être obligé de recourir au conseil de famille. Mais si la donation est faite au mineur par son propre tuteur, celui-ci, fût-il un ascendant, ne pourrait accepter sa donation même avec l'autorisation du conseil de famille, parce qu'il ne saurait jouer à la fois le rôle de donateur et celui de représentant du donataire. La donation devrait alors être acceptée par le subrogé-tuteur autorisé à cet effet par le conseil de famille ou par un tuteur *ad hoc* que ce conseil aurait nommé.

En principe, le tuteur puise dans son titre d'administrateur le droit de représenter le mineur dans les actes extrajudiciaires comme dans les actes judiciaires, sans être soumis à l'autorisation préalable du conseil de famille. Toutefois, il est certaines exceptions à cette règle générale. Ainsi, l'article 464 nous dit qu'aucun tuteur ne pourra introduire en justice une action relative aux droits immobiliers du mineur, ni acquiescer à une demande relative aux mêmes droits sans l'autorisation du conseil de famille. Le tuteur devra donc se munir de cette autorisation pour exercer les actions de propriété, d'usufruit, de servitude, de droits hypothécaires, de partage, de succession pour exercer le retrait successoral, pour exercer l'action en rescision d'une vente pour cause de lésion, etc. Mais le tuteur, autorisé par le conseil de famille à introduire une action immobilière, n'a pas besoin d'une nouvelle autorisation pour former appel du jugement de première instance qui l'a condamné ; et il n'en aurait pas besoin non plus, pensons-nous, dans le même cas, si au lieu d'être demandeur, il avait été défendeur en première instance.

L'autorisation est encore exigée pour que le tuteur puisse acquiescer à une demande relative aux droits immobiliers du mineur; et il en est de même du désistement en appel comme en première instance, et de l'opposition formée à un jugement par défaut.

L'autorisation du conseil de famille est exigée par l'article 465 pour que le tuteur puisse provoquer un partage de succession, de communauté ou de société. Il peut être, en effet, de l'intérêt du mineur, de retarder le partage jusqu'à l'époque de sa majorité, car l'article 466 nous dit que ce partage doit être fait en justice ; or, on sait que les partages judiciaires sont bien plus dispendieux que les partages faits à l'amiable. De plus, dans les partages judiciaires, les lots sont déterminés par voie de tirage au sort ; tandis qu'il est bien préférable, dans la plupart des cas, que les copartageants puissent choisir chacun leurs lots particuliers. Toutefois, l'autorisation du conseil de famille n'est imposée au tuteur que pour provoquer un partage définitif, sans distinguer entre les biens mobiliers ou immobiliers ; et le tuteur peut toujours seul faire un partage provisionnel et de jouissance seulement. Nous savons, enfin, que la loi du 24 mars 1806 exige l'autorisation du conseil de famille pour que le tuteur puisse transférer des rentes sur l'Etat ou des actions de la Banque de France d'un revenu supérieur à cinquante francs.

3° Les actes qui exigent, outre l'autorisation du conseil de famille, l'homologation du tribunal, sont au nombre de quatre : l'emprunt, l'hypothèque, l'aliénation d'immeubles et la transaction. Nous réservons pour un examen spécial le dernier de ces actes : la transaction, qui exige une condition de plus.

L'article 457 porte que : « Le tuteur, même le père ou la mère, ne peut emprunter pour le mineur, ni aliéner ou hypothéquer ses biens immeubles, sans y être autorisé par un conseil de famille. » Cette autorisation ne devra être accordée que pour cause d'une nécessité absolue ou d'un avantage évident. Dans le premier cas, le conseil de famille n'accordera son autorisation qu'après qu'il aura été constaté, par un compte sommaire présenté par le tuteur, que les deniers, effets mobiliers et revenus du mineur sont insuffisants. Le conseil de famille indiquera, dans tous les cas, les immeubles qui devront être vendus de préférence et toutes les conditions qu'il jugera utiles. L'article 458 ajoute que : « Les délibérations du conseil de famille, relatives à cet objet, ne seront exécutées qu'après que le tuteur en aura demandé et obtenu l'homologation devant le tribunal de première instance qui y statuera en la chambre du conseil, et après avoir entendu le procureur. »

La défense faite au tuteur d'emprunter pour le mineur sans les conditions prescrites est absolue, et nous la respecterions même dans le cas où il s'agirait de faire un emprunt sans hypothèque pour payer une dette certaine et exigible, et dans le cas plus favorable encore où il s'agirait de rembourser une dette hypothécaire et exigible, avec subrogation au profit du prêteur. A défaut par le tuteur d'avoir observé les conditions indiquées par l'article 457, l'emprunt serait absolument nul. Mais il faut faire cette réserve que le mineur en peut être tenu dans la mesure où il en a profité.

La constitution d'une hypothèque sur les biens du mineur peut avoir des conséquences aussi désastreuses pour lui que l'aliénation de ces biens. Le Code a donc eu raison de s'écarter ici des règles suivies en droit romain et dans notre ancienne jurisprudence, et d'exiger que la justice confirme sur ce point l'autorisation du conseil de famille.

Il est bien évident qu'il ne s'agit ici que de l'hypothèque conventionnelle, le législateur ne pouvant obliger le tuteur, sans cesser d'être logique, à demander une autorisation quelconque quand il s'agit d'hypothèques constituées par la loi elle-même ou par une décision de la justice. La règle de l'article 457, d'après laquelle le conseil de famille, dans le cas d'aliénation d'immeubles, doit indiquer ceux de ces immeubles qui seront vendus de préférence, cette règle, disons-nous, doit s'appliquer également aux immeubles qu'il s'agit d'hypothéquer, car l'hypothèque conduit à l'aliénation. L'article 457 ne s'explique que sur la vente des immeubles, parce qu'au moment où il le rédigeait, le législateur ne savait pas encore quel système hypothécaire il adopterait, et que dans l'ancien droit l'hypothèque, même conventionnelle, était générale. Le Code s'étant au contraire prononcé pour la spécialité de l'hypothèque conventionnelle, il est nécessaire, dans le cas qui nous occupe, que les biens à hypothéquer soient désignés par le conseil de famille comme ceux qu'il s'agirait d'aliéner.

Les articles 457 et 458 exigent pour l'aliénation des immeubles l'autorisation du conseil de famille et l'homologation du tribunal. Ici, comme pour l'emprunt, l'autorisation ne doit être accordée que pour cause d'une nécessité absolue ou d'un avantage évident. D'autres formalités, destinées à constater l'utilité de l'aliénation, sont prescrites par nos articles, d'accord en cela avec l'ancien droit, et les articles 953 à 965 du Code de procédure développent avec détail la marche à suivre pour la vente des biens de mineurs.

Nous devons répéter ici l'observation que nous faisions tout à l'heure sur l'hypothèque légale et judiciaire : il est bien évident que l'autorisation du conseil et l'homologation du tribunal ne peuvent être prescrites que pour les aliénations volontaires et que, lorsqu'il s'agit d'une vente nécessaire, comme une licitation ordonnée en justice ou une expropriation forcée, il n'est plus possible d'exiger une autorisation qui ne saurait être refusée.

4° L'article 467 qui exige pour la transaction l'avis de

trois jurisconsultes ne fait pas de cette condition une vaine formalité, et suppose certainement que cet avis est conforme à la délibération du conseil de famille, car il ne dit pas seulement que le tuteur pourra transiger *après avoir pris l'avis des trois jurisconsultes*, mais bien qu'il ne pourra le faire qu'après avoir été autorisé,..., *de l'avis* de ces trois jurisconsultes. Mais nous n'irions pas jusqu'à dire que cet avis conforme doit être unanime, et nous croyons qu'il suffirait que deux voix sur trois fussent favorables à la décision du conseil de famille.

Les trois jurisconsultes, dont parle l'article 467, qui doivent être désignés par le procureur impérial, sont dans la pratique choisis parmi les avocats ayant au moins dix ans d'exercice. Le mot jurisconsulte s'explique dans la loi, parce que, à l'époque de la rédaction du titre de la minorité, l'ordre des avocats n'avait pas encore été rétabli.

On peut se demander pourquoi la loi, qui se contente de la simple autorisation du conseil de famille pour l'acquiescement à une prétention relative aux droits immobiliers du mineur (art. 464), et qui dispense même le tuteur de cette condition pour l'acquiescement relatif à ses droits mobiliers, exige pour la transaction, outre l'autorisation de conseil, l'homologation du tribunal et l'avis conforme de trois jurisconsultes. En effet, au premier abord, l'acquiescement, qui suppose la reconnaissance pure et simple de la prétention adverse, paraît être un acte plus grave que la transaction, qui ne donne satisfaction à l'adversaire qu'à la condition qu'il abandonne lui-même une partie de son droit. Mais en réalité l'acquiescement suppose, de la part du défendeur, la reconnaissance du droit de son adversaire et le peu d'espoir qu'il a de voir le sien triompher. La transaction au contraire suppose que le droit de l'adversaire est douteux ; c'est un acte complexe donnant lieu à des concessions réciproques, et dès lors il est utile de faire appel à l'expérience de jurisconsultes qui examineront en fait si les conditions de la transaction ne sont pas trop onéreuses pour le mineur et s'il vaut mieux pour lui transiger que plaider.

5° Nous distinguons, parmi les actes que le tuteur ne peut pas faire, ceux qui supposent nécessairement que le mineur y joue son propre rôle et n'y peut être représenté par un mandataire quelconque, et ceux qui sont interdits au tuteur, parce qu'en les faisant il contreviendrait directement à l'obligation générale qui lui est imposée de conserver tout au moins et même d'augmenter le patrimoine qui lui est confié.

L'article 450, en disant que le tuteur représente le mineur *dans tous les actes civils*, est évidemment trop absolu, car ce principe reçoit plusieurs exceptions.

Et d'abord on ne pourrait comprendre que le mineur qui veut se marier pût être suppléé dans le contrat par le tuteur, son représentant ordinaire. C'est là en effet un acte civil qui n'admet pas la manifestation d'une volonté étrangère à celui qui veut en profiter; et cette raison s'applique au double contrat de mariage, à celui qui est passé devant l'officier ministériel pour régler les rapports pécuniaires des époux, comme à celui qui est passé devant l'officier de l'état civil. Ici la représentation cesse, mais non pas l'assistance, et nous retombons dans le système romain de *l'auctoritatis interpositio*, avec cette différence que ce n'est pas le tuteur qui assiste le pupille, et que ce devoir appartient à ses ascendants, et, à défaut d'ascendants, à son conseil de famille.

C'est encore le mineur lui-même qui agit seul lorsque, parvenu à l'âge de seize ans, il veut disposer de ses biens par testament (art. 904). Le testament est en effet l'œuvre de la volonté personnelle de celui qui dispose; cette volonté doit être libre, et dispensée, pour s'exercer, de toute autorisation étrangère. Le même principe a fait étendre à la femme mariée la règle de logique que nous avons posée

pour le mineur, et l'article 226 dit en propres termes :
« La femme peut tester sans l'autorisation de son mari. »

Enfin, toujours par ce motif que les actes dont nous nous occupons n'admettent pas la manifestation d'une volonté étrangère, c'est encore au pupille qu'il appartient de faire lui-même tout contrat par lequel il engage sa liberté, tels que seraient un contrat d'apprentissage, un engagement dans l'armée ou au théâtre. Toutefois le consentement des personnes sous l'autorité desquelles il se trouve lui est ici nécessaire.

La loi interdit certains actes au tuteur lorsque ces actes excèdent les limites du mandat d'administration qui lui est confié, ou qu'il y a lieu de craindre que, placé entre l'intérêt et le devoir, il ne sacrifie ce dernier en écartant les enchérisseurs par des renseignements faux sur l'état, le produit et la valeur des biens du mineur dont il veut profiter personnellement.

Les actes interdits au tuteur sont les suivants : l'achat des biens du mineur, le bail à ferme de ces biens, l'acceptation de la cession d'une créance ou d'un droit quelconque contre le mineur, la donation, le compromis.

La défense d'acheter les biens du mineur est posée en termes généraux par l'article 450 qui doit s'appliquer aux meubles comme aux immeubles ; mais le motif de cette prohibition, qui consiste dans la crainte que le tuteur n'use de manœuvres malhonnêtes pour acheter à vil prix, nous conduit à penser que s'il s'agissait d'une vente judiciaire sur adjudication publique, les mêmes inconvénients n'existant plus, le tuteur pourrait, comme tout autre enchérisseur, se rendre acquéreur des biens du pupille. De même, si le tuteur copropriétaire par indivis avec le mineur veut exercer le droit qui lui appartient de sortir de l'indivision, l'acquisition qu'il aura ainsi faite sera valable. La prohibition de l'article 450 est moins absolue relativement au bail des biens du pupille qu'elle ne l'est pour l'aliénation. Ainsi le conseil de famille peut autoriser le subrogé-tuteur à passer bail au tuteur des biens du mineur. Il n'y a pas ici la même gravité à faire courir au pupille les risques d'une mauvaise opération, car les chances défavorables ne porteront jamais que sur les fruits. De plus, dans beaucoup de cas, le tuteur peut être le meilleur fermier à donner au fonds du pupille.

Le tuteur ne peut accepter la cession d'aucun droit ou créance contre son pupille. Ainsi dispose l'article 450. La loi ne veut pas que des rapports d'intérêts contraires naissent entre le pupille et son tuteur par le fait de celui-ci. Le mandataire auquel elle confie le patrimoine du faible, de l'incapable, ne doit pas chercher dans ce mandat un moyen de spéculer avantageusement au détriment de celui qu'il est chargé de protéger. D'ailleurs si la créance d'un tiers, ou autre droit quelconque, contre le mineur, est mise en vente pour un prix inférieur à sa valeur, le tuteur, qui a en mains les deniers suffisants, doit la racheter pour libérer ainsi le mineur. Si la prohibition de l'article 450 n'existait pas, il serait à redouter que le tuteur n'abusât de la situation qu'il occupe à l'égard du patrimoine du pupille pour brûler ou faire disparaître les titres, quittances, remises, reconnaissances, etc., par lesquels le mineur aurait pu repousser, en tout ou en partie, le droit ou la prétention cédés contre lui. Nous avons vu que l'article 451, inspiré par la même crainte, ordonnait au tuteur, lors de la confection de l'inventaire, de déclarer, à peine de déchéance, s'il lui était dû quelque chose par le mineur.

Cette prohibition de l'article 450 qui nous occupe devrait être également respectée dans les trois cas prévus par l'article 1701, c'est-à-dire 1° dans le cas où la cession a été faite au tuteur cohéritier ou copropriétaire du droit cédé ; 2° lorsqu'elle a été faite au tuteur créancier du cédant en paiement de ce qui lui était dû ; 3° lorsqu'elle a été faite au tuteur possesseur de l'héritage sujet au droit litigieux. En effet, le même danger se représente ici.

La défense d'accepter la cession d'aucun droit contre le mineur remonte à la Novelle 72, chap. v, de Justinien, qui interdisait toutes cessions faites au curateur à titre de vente, de donation, *aut alio quolibet modo*, non-seulement pendant la durée de la curatelle, mais encore après son extinction. La cession faite en contravention à la Novelle était absolument nulle, en ce sens du moins qu'elle avait pour effet de libérer le mineur, tant à l'égard du cédant qui perdait ainsi sa créance, qu'à l'égard du curateur cessionnaire qui n'avait pu l'acquérir. Tout en adoptant la prohibition de la Novelle 72, notre ancien droit, surtout notre droit coutumier, n'en avait pas admis la sanction rigoureuse. Notre article 450 n'étend pas sa défense au delà de la durée de la tutelle, mais il ne s'explique pas sur la portée de la nullité qu'il consacre pendant la tutelle. Sur ce point trois systèmes sont en présence : le premier, conforme à celui de la Novelle 72, libère absolument le mineur ; le second annule la cession entre le cédant et le tuteur cessionnaire, et se borne à remettre les choses dans l'état où elles seraient si la cession n'était pas intervenue ; le troisième enfin donne au mineur seul le droit d'invoquer la nullité de la cession et lui laisse la liberté d'accepter son tuteur pour créancier. Nous ne croyons pas que les deux derniers systèmes protégent suffisamment le mineur, et nous nous en tenons au système romain, quelque rigoureux qu'il soit, parce que, dans le silence des textes, nous pensons que le législateur a dû s'y référer, et que d'ailleurs ce système est le seul à nos yeux qui garantisse complétement le mineur contre le danger de la suppression des titres que la loi redoute, en ne laissant au tuteur aucune chance de réussir dans la spéculation qu'il a voulu faire.

Le danger que craint la loi nous donne la mesure de sa prohibition. Dès qu'il n'y a plus pour le tuteur matière à spéculation, l'acquisition d'un droit contre le mineur lui est permise. Ainsi, si ce droit lui arrive par testament, legs ou donation, il pourra valablement l'accepter. De même pourrait-il payer de ses propres deniers les dettes du pupille en stipulant à son profit la subrogation dans les droits du créancier qu'il désintéresse ; cet acte s'applique en effet en dehors de tout mobile d'intérêt, et si l'on nous oppose qu'ici le tuteur peut frauduleusement imaginer un créancier fictif pour partager avec lui les bénéfices résultant de leur mauvaise foi, nous répondrons que c'est là un mal qu'on ne peut empêcher et qui pourrait aussi bien se produire si le paiement était fait des deniers mêmes du pupille.

On s'est demandé si le tuteur auquel la loi interdit d'accepter la cession d'aucuns droits contre son pupille pourrait valablement transférer à des tiers ceux qui existent à son profit. Il faut voir là une aliénation, et nous pensons qu'un tel acte n'est pas absolument interdit au tuteur, mais qu'il ne peut lui être permis que sous les deux conditions protectrices de l'aliénation des biens du mineur, à savoir, l'autorisation du conseil de famille et l'homologation du tribunal.

Il est interdit au tuteur de disposer à titre gratuit des biens du mineur, soit directement, soit indirectement, par remise de dettes, ou d'autre manière. C'est dans le principe du mandat qu'il faut chercher les motifs de cette prohibition et la loi n'avait pas à s'en expliquer ici d'une manière spéciale. Le tuteur est en effet un administrateur des biens pupillaires ; il n'en est à aucun degré propriétaire : il gère, il ne dispose pas. Mais on a toujours considéré comme rentrant dans la catégorie des actes d'administration le fait par le tuteur de prélever sur les revenus du mineur de petites sommes destinées aux présents et cadeaux d'usage ; et le droit romain (1) caractérisait ainsi

____

(1) Dig., L. 12, § III, *De adm. et per tut.*

ce pouvoir du tuteur : *Solemnia munera parentibus cognatisque mittet.*

Un dernier acte défendu au tuteur, c'est de compromettre sur les affaires du pupille. Le compromis est un acte plus grave que la transaction, parce que, tandis que dans la transaction on débat soi-même ses intérêts avec son adversaire, dans le compromis, c'est à des personnes étrangères que ce soin est confié. Aussi l'article 1003 du Code de procédure pose-t-il cette règle, renouvelé du droit romain et de l'ancien droit, qu'on ne peut compromettre que sur les droits dont on a la libre disposition ; et l'article 1004 ajoute qu'on ne peut compromettre sur les contestations qui doivent être communiquées au ministère public et parmi lesquelles l'article 83 du même Code range les causes du mineur.

Après avoir examiné quels sont les pouvoirs du tuteur relativement au patrimoine du mineur et avoir séparé à ce point de vue les actes qu'il peut faire des actes qui lui sont interdits, nous avons à rechercher, comme nous l'avons déjà fait en droit romain, quels sont les effets et la portée des actes valablement passés par le tuteur. Cet examen comporte deux questions : quelle est d'abord la situation respective du tuteur et du mineur vis-à-vis des tiers à la suite d'un acte passé par le tuteur ; en second lieu, dans quelle mesure le tuteur est-il responsable, à l'égard du mineur, des actes par lesquels il l'a obligé envers les tiers ?

Il résulte de ce principe posé par l'article 450 : *le tuteur représente le mineur dans les actes civils,* cette conséquence que, lorsque le tuteur agit au nom du mineur, celui-ci est censé être intervenu personnellement. De là cette règle : *factum tutoris, factum pupilli.* La loi montre aux tiers, dans la personne du tuteur, le représentant autorisé du mineur et nous avons eu déjà l'occasion de dire qu'il était rigoureusement de l'intérêt du pupille que les tiers fussent assurés de contracter valablement avec le tuteur comme ils le pourraient faire avec le mineur devenu majeur.

Toutefois le dol, les délits ou quasi-délits que le tuteur a pu commettre au cours de sa gestion n'engagent en aucune manière le mineur vis-à-vis des tiers. Nous supposons, bien entendu, qu'aucun avantage n'est résulté pour lui de la mauvaise gestion du tuteur; car, s'il en était autrement, les tiers pourraient exercer une action *de in rem verso* jusqu'à concurrence du profit qu'il en aurait retiré. Mais les fautes commises par le tuteur dans l'exécution des engagements ou obligations valablement passés au nom du mineur sont à la charge de celui-ci dans ses rapports avec les tiers.

Les jugements rendus contre le tuteur sont censés avoir été rendus contre le mineur lui-même, et celui-ci ne serait pas recevable à les attaquer après la tutelle.

Mais ici il faut tenir compte de la disposition de l'article 481 du Code de procédure, qui décide que « les mineurs sont encore reçus à se pourvoir, s'ils n'ont été défendus ou s'ils ne l'ont été valablement. » Il faut aussi rappeler l'article 444 du même Code, qui dispose que les délais pour interjeter appel ne courront contre le mineur non émancipé que du jour où le jugement aura été signifié tant au tuteur qu'au subrogé-tuteur, quand même ce dernier n'aurait pas été mis en cause. A défaut de cette double signification, le mineur ne sera pas déchu du droit d'appel, et le jugement ne pourra pas acquérir l'autorité de la chose jugée.

Tandis que le tuteur, agissant au nom du mineur, le représente de telle sorte que le mineur se trouve obligé comme s'il eût agi directement lui-même; il n'est, lui tuteur, personnellement tenu à aucune obligation à raison des actes passés dans la mesure de ses pouvoirs. Le principe dans notre droit en matière de mandat est que le mandataire oblige le mandant sans s'obliger lui-même. C'était en droit romain le principe opposé qui était admis, et cela amenait des conséquences contraires. Nous savons combien notre système actuel est plus équitable et plus pratique. Il n'est pas besoin d'y revenir.

De ce que c'est dans sa qualité de mandataire légal du pupille que le tuteur puise le pouvoir d'obliger le mineur sans s'obliger lui-même, il résulte que, s'il commettait dans sa gestion un dol, un délit ou un quasi-délit, il serait au contraire seul obligé, comme nous l'avons dit plus haut, et aucune poursuite ne pourrait être pour cette cause exercée contre le mineur.

Le mandat ne comporte pas en effet le droit de commettre des délits, et notre règle n'est vraie que tant que le tuteur reste dans la limite de ses pouvoirs.

Le mineur est donc, en principe, tenu vis-à-vis des tiers de tous les actes du tuteur, bons ou mauvais, dès lors qu'ils ont été passés valablement. Il pourra seulement se faire restituer contre un acte, lorsque cet acte n'a pas été passé par le tuteur avec les formalités exigées par la loi. Car si les formalités ont été observées, quelque lésion qui en résulte, l'acte est inattaquable, sauf, bien entendu, dans ce cas, la responsabilité du tuteur vis-à-vis du mineur. Cette doctrine, qui n'est pas admise par tous les auteurs, est cependant la plus soutenue, et nous croyons devoir l'admettre, parce qu'elle est exactement conforme aux principes généraux du mandat (art. 1998) et particulièrement aux principes de la représentation tutélaire, qui ressortent de plusieurs dispositions du Code (art. 463, 1095, 1309, 1398, 1314). La loi a voulu que l'intérêt des tiers fût garanti.

Mais il faut également que l'intérêt particulier du pupille soit protégé efficacement, et cela nous amène à examiner les effets des actes passés par le tuteur dans les rapports du représentant et du représenté, du tuteur lui-même avec le mineur.

Le droit romain imposait au tuteur l'obligation de donner au début de la tutelle la caution *rem pupilli salvam fore*. Un engagement semblable était, ainsi que nous l'avons vu, exigé du tuteur dans notre ancien droit français, par imitation du droit romain. Notre Code n'a pas cru devoir maintenir cette garantie donnée au mineur contre la mauvaise gestion du tuteur, et elle pouvait en effet paraître de peu d'importance à côté de l'hypothèque légale qui frappe de plein droit tous les biens du tuteur.

Mais le mineur ne trouvera pas toujours dans l'hypothèque légale une garantie efficace. Si nous supposons en effet que le tuteur soit dénué de toute fortune, ce qui peut arriver dans le cas de tutelle légitime, les intérêts du mineur peuvent être sacrifiés, son patrimoine gravement compromis, avant même que le contrôle du subrogé-tuteur ait pu s'exercer utilement et que le conseil de famille ait été amené à prononcer la destitution du tuteur.

« Le tuteur administrera les biens du mineur en bon père de famille et répondra des dommages-intérêts qui pourraient résulter d'une mauvaise gestion. » Cette disposition de l'article 450 nous oblige à rechercher à quel degré de faute commencera pour le tuteur la responsabilité dont il est ici question. L'article 1992 dit que la responsabilité du mandataire relative aux fautes est appliquée moins rigoureusement à celui dont le mandat est gratuit, qu'à celui dont le mandat est salarié. On pourrait croire que le tuteur étant un mandataire gratuit, sa responsabilité doit être atténuée, mais, d'autre part, l'article 450 dit formellement qu'il doit administrer en bon père de famille ; sa responsabilité ne peut pas être restreinte à sa faute lourde, d'autant plus que le mineur ne choisit pas son tuteur. Celui-ci sera donc tenu de sa faute légère ; il en sera tenu même *in abstracto*, en sorte que, s'il est peu diligent dans ses propres affaires, cela n'empêchera pas qu'il soit obligé d'apporter aux affaires du mineur des soins plus assidus.

En droit romain une protection très importante était donnée au mineur par l'*in integrum restitutio* qui s'appliquait aux actes valablement faits, lorsque ces actes étaient nuisibles à ses intérêts. Notre ancien droit admit l'action en rescision pour lésion, soit contre l'acte consenti par le mineur personnellement avec ou sans son tuteur, soit contre les actes consentis par le tuteur, lors même qu'il aurait observé toutes les formalités prescrites par la loi.

Nous avons vu tout à l'heure que notre Code civil admettait également l'action en rescision pour lésion de la part du mineur contre les actes accomplis par le tuteur, mais seulement en cas d'inexécution des formalités prescrites (1).

En outre, le mineur a contre son tuteur une action pour le forcer à lui rendre son compte de tutelle. Cette action n'est plus perpétuelle comme en droit romain, ni trentenaire comme dans notre ancien droit. Elle se prescrit aujourd'hui par dix ans à partir de l'époque de la majorité du pupille.

Comme garantie de ses différentes actions, nous rappelons que l'ex-mineur a sur les biens immobiliers, présents et à venir, de son tuteur, une hypothèque légale et générale, qui a pour objet d'assurer le paiement de toutes les sommes dont le tuteur est débiteur par suite de sa gestion, dont il est tenu en qualité de tuteur ou même en qualité de débiteur ordinaire, si l'exigibilité est survenue pendant la tutelle.

Dès que la tutelle finit, le tuteur doit rendre compte au mineur de son administration. Toutefois cette obligation

---

(1) Nous devons ajouter ici que l'action en rescision pour lésion serait donnée au mineur pour les actes qu'il aurait passés personnellement, quand bien même, au contraire, il aurait exécuté rigoureusement les formalités particulières à l'acte qu'il a fait seul : *Minor restituitur non tanquam minor, sed tanquam læsus.*

ne peut s'accomplir qu'après un certain délai matériellement nécessaire au tuteur pour réunir les pièces et docu-
ments destinés à établir la régularité de sa gestion. Pendant
ce délai, les biens de l'ex-mineur ne doivent pas péricliter.
Aussi, l'ex-tuteur, ses héritiers ou ses représentants, sont-
ils tenus de continuer la gestion. Dans l'ancien droit comme
en droit romain, c'était la tutelle elle-même qui continuait
ainsi, jusqu'à la reddition du compte. Il est intéressant de
savoir si notre droit actuel est conforme à cette tradition ;
car, si c'est la tutelle qui continue, les conséquences rigou-
reuses qui naissent contre le tuteur de ses actes de gestion continueront à se reproduire : ses biens seront frappés
de l'hypothèque légale, il devra les intérêts des sommes
touchées pour le compte du mineur et dont il aurait omis
de faire l'emploi aux termes des articles 455 et 456. Ces
conséquences et autres semblables n'auraient pas lieu si, à
la place d'une tutelle continuée, il n'y avait ici qu'un simple mandat ou une simple gestion d'affaires.

C'est bien le premier parti qui semble avoir été choisi
par les rédacteurs du Code. L'article 472 dit en effet que
tout traité qui pourra intervenir entre le tuteur et le mineur
devenu majeur sera nul, s'il n'a été précédé de la reddition d'un compte détaillé et de la remise des pièces justificatives. L'article 2045 répète cette règle pour la transaction. L'article 907 dit aussi que le mineur devenu majeur
ne pourra disposer par donation ou testament, au profit
de celui qui aura été son tuteur, si le compte définitif de la
tutelle n'a été préalablement rendu et apuré. Toutefois,
nous croyons plus juridique l'opinion qui ne voit dans la
gestion momentanée qui commence avec la majorité de
l'ex-pupille pour finir avec l'apurement du compte définitif
qu'un mandat ordinaire. La tutelle est finie à la majorité
du pupille, il n'y a plus alors ni tuteur, ni mineur. La loi
considère en principe que c'est à ce moment même que le
compte de tutelle est rendu. L'article 471 le dit en propres

termes : « Le compte définitif de tutelle sera rendu aux dépens du mineur, *lorsqu'il aura atteint sa majorité* ou obtenu son émancipation..... » Si en pratique cette règle ne peut pas être toujours suivie, le fait ne doit pas modifier le droit. L'hypothèque légale ne continuerait donc pas, à notre avis, après la majorité, à frapper les biens de l'ex-tuteur, et celui-ci ne serait pas soumis aux règles des articles 455 et 456. Nous exceptons seulement les cas qui sont une suite nécessaire de la tutelle, et qui dès lors sont considérés comme y rentrant naturellement.

Tout administrateur doit rendre des comptes à celui dont il gère le patrimoine ou à ses représentants. C'est là un principe d'équité, et il est ici si rigoureux que la volonté d'un testateur, ce testateur fût-il le père ou la mère du mineur, n'y pourrait déroger. L'article 469 est formel sur ce point : « Tout tuteur, dit-il, est comptable de sa gestion lorsqu'elle finit. »

A la fin de la tutelle, le compte est rendu, suivant les cas, à différentes personnes. La tutelle a pu finir de deux manières : *ex parte pupilli, ex parte tutoris.* Dans le premier cas, le compte est rendu au mineur émancipé, ou au majeur en présence du curateur et du subrogé-tuteur ; si le mineur est mort, le compte est rendu à ses héritiers. Dans le second cas, le compte est rendu au nouveau tuteur par l'ancien, ou, s'il est mort, par ses héritiers ; le second tuteur répond ainsi de la gestion du premier.

Le compte est rendu à la fin de la tutelle et ne peut être exigé qu'à cette époque. Il ne faudrait pas confondre, en effet, avec les comptes de tutelle, les états de situation dont parle l'article 470, et que tout tuteur, autre que les père et mère, peut être tenu de remettre au subrogé-tuteur, pendant la tutelle, aux époques que le conseil de famille aurait jugé à propos de fixer, et sans qu'il soit astreint à en fournir plus d'un chaque année.

Le compte de tutelle a pour base l'inventaire qui a dû

être fait au début de la tutelle. C'est en comparant l'état du patrimoine pupillaire en actif et en passif tel qu'il est constaté par l'inventaire, avec le résultat du compte de tutelle, que l'on peut voir de suite de quelles sommes le tuteur doit justifier. Le compt à rendre par le tuteur doit donc présenter un tableau exact du patrimoine pupillaire, tel qu'il sort de ses mains. L'article 533 du Code de procédure s'exprime ainsi : « Le compte contiendra les recette et dépense effectives ; il sera terminé par la récapitulation de la balance desdites recette et dépense, sauf à faire un chapitre particulier des objets à recouvrer. »

Le chapitre des recettes comprend l'actif porté dans l'inventaire, les capitaux remboursés, les fruits et revenus des biens, les intérêts des sommes placées et ceux qui ont dû courir contre le tuteur, à défaut d'emploi ou de poursuites, les intérêts de ces intérêts.

Le chapitre des dépenses comprend toutes celles qui sont suffisamment justifiées et dont l'objet a été utile (art. 471), c'est-à-dire : les frais du compte dont le tuteur fait l'avance, les frais de réparation ou de conservation, les impôts, les intérêts des capitaux, les arrérages, les remboursements, les dépenses faites pour l'éducation du mineur, etc.

S'il y a contestation sur une dépense qui ne paraît pas suffisamment justifiée, cette contestation est soumise aux tribunaux.

Il n'y a jamais lieu à la révision d'un compte de tutelle que pour cause de dol et dans la partie seulement du compte que le dol a pu fausser.

Nous avons à nous demander ici quelles règles régissent les dettes d'intérêts qui peuvent exister entre le tuteur et le mineur à raison du compte de tutelle. Le principe général est que les intérêts ne courent contre le débiteur que du jour de la demande faite par le créancier. L'article 1153 qui pose la règle, indique qu'il y a des cas où la loi fait courir les intérêts de plein droit ; nous sommes ici dans une de ces hypothèses, où il est fait exception aux principes de l'article 1153. Voici, en effet, les termes de l'article 474 : « La somme à laquelle s'élèvera le reliquat dû par le tuteur portera intérêt, sans demande, à compter de la clôture du compte. — Les intérêts de ce qui sera dû au tuteur par le mineur ne courront que du jour de la sommation de payer qui aura suivi la clôture du compte.» Il y a donc à distinguer deux cas : celui où les intérêts sont dus par le tuteur, celui où ils sont dus au tuteur.

La loi, en décidant que les intérêts du reliquat du compte de tutelle sont dus par le tuteur à dater de la clôture du compte, et non pas seulement du jour de la demande, a voulu que le mineur ne souffrît pas du retard qu'il aurait pu mettre à poursuivre le tuteur, sous l'influence duquel il se trouve encore souvent à son insu, après la fin de la tutelle. Il serait donc contraire à l'esprit de la disposition favorable de l'article 474 de décider que, si le tuteur tarde volontairement et de mauvaise foi à rendre ses comptes, l'ex-mineur sera forcé de subir ces délais. Dans ce cas, il est juste, au contraire, que les intérêts courent, non plus du jour de la reddition du compte, mais de la demande que le mineur a été obligé de faire.

Si le compte n'est pas complet et donne lieu à redressement, les intérêts des nouvelles sommes qu'il s'agit d'y faire rentrer courront du jour où le premier compte a été rendu, parce que l'ex-mineur doit être dans une position aussi avantageuse que si le compte avait été dès l'origine parfaitement exact.

Lorsque, dans le compte qu'il a à rendre, le tuteur se trouve à la fois débiteur et créancier du mineur, nous pensons que le tuteur peut compenser avec les intérêts qu'il doit les avances qu'il a faites et ne comprendre les intérêts que pour ce qui dépasse le total de ces avances.

Il n'y avait pas lieu d'accorder au tuteur la même faveur

qu'au mineur, les sentiments de crainte et de déférence qui peuvent animer celui-ci et l'empêcher de poursuivre le tuteur n'étant pas réciproques. C'est donc à bon droit que l'article 474 décide que les intérêts dus au tuteur ne courront qu'après sommation. Il y a encore là cependant pour le tuteur un avantage qu'il n'aurait pas d'après le droit commun. Si, en effet, l'article 474 n'existait pas, il devrait, pour faire courir les intérêts à son profit, recourir à une demande en justice.

Les frais du compte de tutelle sont, en principe, supportés par le mineur ; car, en définitive, c'est son patrimoine qui y a donné lieu, et c'est là une opération nécessaire dont il profite exclusivement. Mais lorsque, selon le cours régulier de la tutelle, le compte n'aurait pas dû avoir lieu, et que c'est par le fait du tuteur qu'il est rendu nécessaire, c'est au tuteur à en supporter les frais. Cela a lieu en vertu du principe doctrinaire de l'article 1382, lorsque le tuteur est destitué pour inconduite notoire ou gestion infidèle. Cela a lieu encore, bien que ce ne soit plus le fait du tuteur qui rende le compte nécessaire, lorsque, ce compte étant dû dans les cas ordinaires, le tuteur y a apporté des retards nuisibles aux intérêts du pupille ou a soulevé des contestations mal fondées. Dans ce dernier cas, toutefois, on séparera les frais du compte proprement dit de ceux qu'auront occasionnés les incidents inutiles soulevés par le tuteur et ceux-ci seront seuls supportés par lui.

« Tout traité qui pourra intervenir entre le tuteur et le mineur devenu majeur sera nul, s'il n'a été précédé de la reddition d'un compte détaillé, et de la remise des pièces justificatives, le tout constaté par un récépissé de l'ayant-compte dix jours au moins avant le traité. » Telle est la disposition de l'article 472. Elle protège l'ex-mineur contre l'entraînement auquel peut le conduire le désir ardent de jouir au plus vite de sa fortune et de sa liberté. La loi ne veut pas que le tuteur puisse, en exploitant cette impatience bien naturelle, amener son ex-pupille à lui faire des concessions compromettantes contre lesquelles il n'est pas en mesure de résister.

Une importante question est celle de savoir si l'article 472 s'applique seulement aux conventions qui portent sur le compte de tutelle ou s'il faut étendre sa disposition à tous traités, quels qu'ils soient, même étrangers à ce compte. Dans l'ancien droit la question ne paraît pas douteuse, et c'est l'interprétation restrictive qu'on y admettait. Argou (*Institution au Droit français*, t. i, p. 68) dit, en effet : « Toutes les transactions faites entre le tuteur et le mineur devenu majeur *sur la gestion de la tutelle* sont nulles, et le mineur peut s'en faire relever dans les dix ans, à moins que le compte n'ait été examiné et que toutes les pièces justificatives n'aient été remises entre les mains du mineur. » Notre Code civil est-il aujourd'hui conforme à cette législation? La plupart des auteurs le pensent.

Delvincourt restreint les mots *tout traité* de l'article 472 aux traités passés *sur les faits de la tutelle*. Marcadé est du même avis. D'après lui, la place qu'occupe l'article 472 indique bien qu'il ne peut y être question que de traités se rapportant au compte de la tutelle. D'ailleurs la loi n'emploie jamais le mot de traité pour signifier un contrat ordinaire. De plus, l'article 2045 dit que le tuteur ne peut transiger avec le mineur devenu majeur, *sur le compte de la tutelle*, que conformément à notre article 472. Merlin donne une solution différente et annule tous traités non précédés de la reddition du compte de tutelle : c'est à cette solution que nous nous arrêtons, non pas tant à cause de la généralité des termes de l'article 472, que parce qu'elle est la seule qui protège efficacement l'ex-mineur, et qu'il serait, d'ailleurs, dans la plupart des cas, presque impossible de reconnaître si un traité passé entre le tuteur et l'ex-mineur porte ou non sur les faits de la tutelle.

L'article 472 exige, pour qu'un traité puisse être valablement passé entre le tuteur et l'ex-mineur, que le compte
de tutelle ait été préalablement rendu. Mais il ne faudrait
pas pousser à l'absurbe cette prohibition, qui cesserait évidemment si le mineur n'ayant aucun bien, un procès-
verbal de carence a dû être dressé, ou si les droits immobiliers qui se sont trouvés dans la succession échue au
mineur ont été saisis par les créanciers.

POSITIONS

DROIT ROMAIN

I. Le tuteur est responsable de sa faute considérée *in abstracto*.

II. La règle : *tutor personæ, non rei vel causæ datur*, ne veut pas dire que le tuteur doive prendre soin de la personne du pupille. Elle signifie que le tuteur, à la différence du curateur, doit compléter par son *auctoritas* la personnalité du pupille, et elle n'empêche pas qu'un tuteur puisse, à cet effet, être donné pour une affaire spéciale, *certæ causæ*.

III. Les dispositions du sénatus-consulte sur l'aliénation des immeubles du pupille ont été généralisées par la jurisprudence, quant aux aliénations *quæ non sponte tutorum fiunt*, mais non pas, même avec un décret du préteur, quant aux aliénations présentant un avantage utile et évident.

IV. A l'époque classique, comme dans le droit du Bas-Empire, la limite de l'*infantia* était fixée à sept ans.

V. La doctrine qui a reconnu une obligation naturelle, quand le pupille s'engage sans l'*auctoritas tutoris*, a fini par prévaloir, mais en la restreignant dans ses effets.

DROIT FRANÇAIS

I. L'éducation du pupille est confiée au tuteur, mais le conseil de famille a le droit d'y intervenir.

II. La nullité de la cession faite au tuteur d'un droit contre le mineur a pour effet, comme sous la Novelle 72 de Justinien, de libérer entièrement le mineur.

III. Le tuteur qui a consenti un bail de plus de neuf ans peut l'attaquer lui-même, au nom du pupille.

IV. La prescription a couru au profit des débiteurs et détenteurs des biens héréditaires d'une succession échue au mineur, jusqu'au moment où le tuteur a accepté la succession après y avoir renoncé.

V. Les actes faits par le tuteur dans la limite de ses pouvoirs ne sont pas rescindables pour cause de lésion.

VI. Quand le tuteur a vendu un immeuble du mineur sans les formalités prescrites par la loi, il n'y a pas nullité absolue de la vente, mais seulement nullité relative au profit du mineur.

VII. Dans notre droit (article 472), comme dans l'ancien droit, les traités défendus entre le tuteur et l'ex-mineur avant la reddition du compte sont seulement ceux qui sont relatifs aux faits de la tutelle.

ANCIEN DROIT

I. Contrairement à l'avis de Renusson, le gardien noble, dans les Coutumes qui ne lui donnent pas la propriété des meubles, doit faire confusion des sommes dont ses enfants, héritiers du prédécédé, lui doivent récompense, à raison de ce que le prédécédé a tiré de la communauté pour son profit particulier.

II. Le mineur qui a accepté la garde est restituable contre cette acceptation, lorsqu'il découvre plus tard des dettes mobilières, imprévues à l'origine de la garde.

DROIT CRIMINEL

I. Le principe du non-cumul des peines ne s'applique pas aux contraventions.

II. L'aggravation de peine, entraînée par la récidive, se combine avec l'atténuation résultant de l'âge du coupable.

DROIT DES GENS

I. Un mineur peut être choisi comme représentant diplomatique.

II. Le propriétaire ne jouit pas du privilége sur les meubles de l'ambassadeur auquel il a loué pour sa résidence.

Vu par le Président de la Thèse,
J.-E. LABBÉ.

Le Doyen,
G. COLMET-DAAGE.

Vu et permis d'imprimer,
Le Vice-Recteur de l'Académie de Paris,
A. MOURIER.